영어의 기초를 다져 주는

magic

초등 영어 회화

개정판

영어의 기초를 다져 주는

magic
매직 초등 영어회화(개정판)

2005년 01월 31일   초판 1쇄 발행
2023년 02월 20일   개정 1쇄 인쇄
2023년 02월 28일   개정 1쇄 발행

지은이 Lina·이동호
펴낸이 이규인
펴낸곳 국제어학연구소 출판부
책임편집 이희경
편 집 박정애
삽 화 이경
표지 디자인 현상옥
편집 디자인 김미란·최영란

출판등록 2010년 1월 18일 제302-2010-000006호
주소 서울특별시 마포구 대흥로4길 49, 1층(용강동 월명빌딩)
Tel (02) 704-0900 **팩시밀리** (02) 703-5117
홈페이지 www.bookcamp.co.kr
e-mail changbook1@hanmail.net

ISBN 979-11-9792036-3 13740
정가 16,500원

영어의 기초를 다져 주는

magic

초등 영어 회화

개정판

글 Lina, 이동호 | 그림 이경

WELCOME TO
MAGIC ZOO

They look happy.

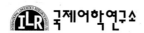
국제어학연구소

머리말

어린 아이들이 우리말을 하는 과정을 살펴보면 어느 날 갑자기 자신의 의견을 또박또박 표현하기 시작합니다. 이처럼 갑자기 말문이 트이기 시작하기 전의 일정한 기간을 침묵기간(Silent Period)이라 합니다.

영어를 습득하는 과정도 마찬가지입니다. 처음부터 영어를 잘하게 되는 것이 아니라, 상당한 시간 영어를 받아들이는 기간이 필요합니다. 어느 정도 시간이 지나면 아이들은 영어를 편안히 느낄 수 있는 단계에 이르고, 어느 순간 영어로 자신의 생각을 표현하기 시작합니다.

우리나라와 같은 EFL(English as a foreign language)* 환경에서는 이러한 침묵기간이 더 오래 필요하게 됩니다. 또한 침묵기간 동안 상당한 노력을 기울여 단어도 외우고, 영어의 문장구조도 익히고, 필요하면 문장도 외우는 노력을 하여야 합니다. 어린이들에게는 이러한 '침묵기간'이 길고 지루하고 힘들게 느껴질 것입니다. 이때 부모님들이 옆에서 이러한 상태에 있는 아이들을 잘 인도하여야 합니다.

본 교재는 영어를 처음 접하는 초등학교 어린이들을 염두에 두고 개발된 시리즈입니다. 이 책에서 제시한 대로 영어를 익히다 보면 어느 순간 말문이 트이게 되는 경험을 하게 될 것입니다.

저자 Lina, 이동호

* **ESL & EFL** 영어를 배우는 환경은 ESL과 EFL환경이 있다. ESL(English as a second language)환경은 영어에 24시간 노출되어 영어를 자연스럽게 터득할 수 있는 조건이 갖춰진 상태의 환경을 말하고, EFL(English as a foreign language) 환경은 영어에 제한된 시간만(주로 영어수업시간) 노출되어 영어를 인위적으로 익혀야만 하는 환경을 말한다. 우리나라와 같은 상황이 EFL환경이다. 본 시리즈는 영어를 외국어로서 배우는 이러한 EFL환경을 염두에 두고 개발된 것이다.

이 책의 구성

학습 가이드 스티커

선생님이나 부모님이 자녀나 학생의 학습을 끝까지 지켜봐 줄 수 있도록 학습 가이드 스티커를 만들었어요. 책을 다 끝낼 때까지 함께해 주세요.

패턴 영어 익히기

많이 쓰는 영어 문장은 일정한 패턴을 가지고 있어요. 이러한 패턴에 익숙해지면 영어 문장에 쉽게 적응하게 되고 응용력이 생겨 좋아요.

패턴 영어 연습문제

패턴 영어에서 다양한 표현을 배웠어요. 앞에서 배운 것을 확실하게 익혔는지 테스트해 보고 모르는 것은 다시 한번 확인해요.

생활 영어 익히기

일상생활에서 반복적으로 자주 쓰는 회화 문장들이 있어요. 이러한 생활영어에 익숙해지면 실제 상황에서 바로 활용할 수 있어 좋아요.

생활영어 연습문제

생활영어에서 다양한 표현을 배웠어요. 앞에서 배운 것을 확실하게 익혔는지 테스트해 보고 모르는 것은 다시 한번 확인해요.

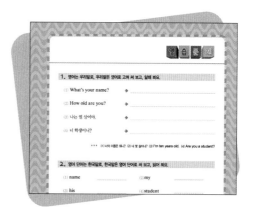

홈페이지에서
MP3
무료다운

www.bookcamp.co.kr

MP3 익히기

네이티브 스피커가 녹음한 MP3를 반복적으로 듣고 따라 읽으면 회화 실력이 몰라보게 향상될 거예요. 영어권 선생님이 녹음하여 정확한 발음을 배울 수 있습니다.

ALPHABET

Aa
[ei]
에이

Bb
[biː]
비-

Cc
[siː]
씨-

Dd
[diː]
디-

Ee
[iː]
이-

Ff
[ef]
에프

Gg
[dʒiː]
쥐 -

Hh
[eitʃ]
에이취

Ii
[ai]
아이

Jj
[dʒei]
쥐이

Kk
[kei]
케이

Ll
[el]
엘

Mm [em] 엠	**Nn** [en] 엔	**Oo** [ou] 오우
Pp [piː] 피-	**Qq** [kiuː] 큐-	**Rr** [aːr] 알-
Ss [es] 에스	**Tt** [tiː] 티-	**Uu** [juː] 유-
Vv [viː] 브 -	**Ww** [dʌbljuː] 더블유-	**Xx** [eks] 엑스
Yy [wai] 와이	**Zz** [ziː] 즈 -	

발음기호

모음 기호

a 아	æ 애	ə 어	ʌ 어	e 에
ɔ 어/오	u 우	i 이	aː 아-	aːr 아-르
əːr 어-르	ɔː 오-	ɔːr 오-르	uː 우-	iː 이-
ai 아이	au 아우	ɛər 에어르	ei 에이	ou 오우
ɔi 오이	uər 우어르	iər 이어르		

자음 기호

'k 크	'g 그	'p 프	'b 브	't 트
'd 드	'h 흐	'f 프	'v ㅂ	's 스
'z 즈	'l 르	'r 르	'θ 쓰	'ð ㄷ
'ʃ 쉬	'ʒ 쥐	'tʃ 취	'dʒ 쥐	'm 므
'n 느	'ŋ 응			

Contents 패턴

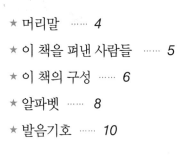

영어의 패턴을 알면
영어 문장이 바로바로
만들어져요!

I'm having dinner.

How was
the zoo?

I'm going to
catch you.

I'm playing
hide-and-seek.

Contents 생활 영어

영어의 패턴을 알면 영어 문장이 바로바로 만들어져요!

01 Are you sleepy?
너 졸려?

1교시가 시작된 지 얼마 지나지도 않았는데 옆에 앉은 짝꿍이 계속해서 하품을 하고 있네요. 분명히 어젯밤 컴퓨터 게임을 하느라 늦게까지 잠을 자지 않아서 그런 것 같아요. 이럴 때 "너 졸려?"하고 물어보려고 하는데, 영어로 어떻게 말하면 될까요? "너는 졸려."는 "You are sleepy."라고 하면 되죠. 여기서 You와 are의 자리를 바꾸고 끝에 물음표를 붙여서 "Are you sleepy?"라고 하면 "너 졸려?"란 질문을 할 수 있게 되는 거예요.

늦게 자서 저렇게 하품을 하고 있으니 당연히 피곤하겠죠? "너 피곤해?"는 "Are you tired?"이고, "너 괜찮아?"는 "Are you alright?"가 된답니다.

짝꿍 말고 다른 친구가 어떤지 또는 누구인지 물어보는 것도 똑같이 하면 돼요. "그 남자애 재미있니?"는 "He is funny."에서 He와 is의 자리를 바꿔서 "Is he funny?", "그 여자애 모델이니?"는 "She is a model."에서 She와 is의 자리를 바꿔서 "Is she a model?"이라고 한답니다. 이렇게 자리를 바꾸고 뒤에 물음표까지 붙이는 것 잊지 마세요! 내 친구들이 어떤지 얘기하면서 자꾸 연습해 보면 분명히 재미도 있고 쉬워질 거예요.

톡톡 튀는 단어

- **Are you ~ ?** 너는 ~이니?
- **alright** [ɔːlráit] 좋은 / 괜찮은
- **sleepy** [slíːpi] 졸린
- **funny** [fʌ́ni] 재미있는

영어 표현 배우기

 묻고 싶은 게 많아요!

Are you ~? / Is she[he, it] ~?
너는 ~ 이니? / 그 여자애[그 남자애, 그것]는 ~ 이니?

친구에 대해서 궁금한 게 있을 때 어떻게 영어로 물어 보면 될까요?
여러 가지 상황을 상상해 보면서 영어로 직접 말해 봐요!

Are you sleepy?
졸려?

Are you alright?
괜찮아?

Are you cold?
추워?

> Are you sleepy?

Is she cute?
그 여자애 귀여워?

Is she angry?
그 여자 화났니?

Is she a model?
그 여자 모델이야?

- **you** [ju:] 너 / 당신
- **cold** [kould] 추운
- **angry** [ǽŋgri] 화난
- **is** [iz] ~이다 / ~있다(she, he, it 등과 함께 쓰는 be동사)
- **she** [ʃiː] 그녀 / 그 여자 / 그 여자애
- **cute** [kjuːt] 귀여운
- **model** [mɑdl] 모델

Is he tall?
그 남자애 키 크니?

Is he handsome?
그 남자 잘생겼니?

Is he funny?
그는 재미있니?

 Is it true?
그거 사실이야?

Is it delicious?
그거 맛있어?

Is it your birthday today?
오늘 너의 생일이니?

 Are they your friends?
그 애들 너의 친구들이야?

Are they movie stars?
그 사람들 영화배우니?

Are they famous?
그들은 유명하니?

- he [hiː] 그 / 그 남자 / 그 남자애
- handsome [hǽnsəm] 잘생긴
- delicious [dilíʃəs] 맛있는
- birthday [bə́ːrθdèi] 생일
- they [ðei] 그들 / 그 사람들 / 그 애들
- tall [tɔːl] 키가 큰
- it [it] 그것
- your [juər] 너의 / 당신의
- today [tədéi] 오늘
- famous [féiməs] 유명한

안녕

3개의 대화 장면이 있어요. 지금 다들 어떤 상황에서 무슨 말을 나누고 있는 걸까요? 하나하나 살펴보면서 큰소리로 따라 해 봐요. 친구나 부모님과 함께 하면 더욱 재미있게 할 수 있어요. 준비~ 시작!

1

Hello, Lina!
안녕, 리나!

Hi, Dong-ho!
안녕, 동호!

It's a very nice day.
정말 좋은 날이야.

That's right.
맞아.

단어가 반짝반짝

- hi [hai] 어이 / 안녕
- very [véri] 매우
- day [dei] 날 / 일
- good [gud] 좋은
- where [hwεər] 어디에
- now [nau] 지금
- how [hau] 얼마나 / 어떻게
- thank [θæŋk] 고맙다
- see [si:] 보다

- hello [helóu] 안녕 / 여보세요
- nice [nais] 좋은
- right [rait] 옳은 / 맞는
- morning [mɔ́:rniŋ] 아침
- going [góuiŋ] 가고 있는
- school [sku:l] 학교
- fine [fain] 좋은
- and [ænd] ~와 / 그리고
- later [léitər] 다음에 / 나중에

Good morning, Lina.
좋은 아침이야, 리나.

Good morning, Dong-ho.
좋은 아침이야, 동호.

Where are you going now?
지금 어디 가니?

I'm going to school.
학교 가는 중이야.

How are you?
안녕하세요?

I'm fine, thank you.
And you?
저는 좋아요. 고마워요. 당신은요?

Fine, thanks.
좋아요. 감사합니다.

See you later.
다음에 봐요.

? 인사

영어로 인사를 해 볼까요? 누군가를 만났을 때, 혹은 헤어질 때 우리가 적당한 인사말을 나누듯이 영어도 때와 상황에 맞는 인사말이 있답니다. 영어 인사말을 배워서 직접 말해 봐요.

큰 소리로 말해 봐요.

Hi.
안녕.

Hello.
안녕하세요.

Good morning.
안녕하세요.(오전 인사)

Good afternoon.
안녕하세요.(오후 인사)

Good evening.
안녕하세요.(저녁 인사)

Good night.
안녕히 가세요. 잘자요.(밤에 헤어질 때 하는 인사)

쑥쑥 크는 단어장

good [gud] 좋은

morning [mɔ́ːrniŋ] 아침

afternoon [æ̀ftərnúːn] 오후

evening [íːvniŋ] 저녁

night [nait] 밤

How are you?
안녕하세요? / 어떻게 지내세요?

I'm fine, thank you.
나는 잘 지내. 고마워.

And you?
너는?

Nice to meet you.
만나서 반가워.

How are you feeling?
기분이 어때?

Very well.
아주 좋아.

Not bad.
나쁘지 않아. (좋아.)

Not very well.
별로 좋지 않아.

쑥쑥 크는 단어장

meet [miːt] 만나다

feel [fiːl] 기분을 느끼다

well [wel] 좋은

not [nɑt] ~아니다

bad [bæd] 나쁜

See you later.
다음에 봐.

Goodbye.
안녕.

 **배운 것을 기억하고 있나요?**

1. 다음 단어로 문장을 만들어 쓰고 말해 봐요.

(1) cold, Are, you (추워?) ➔ _____

(2) cute, she, Is (그 여자애 귀여워?) ➔ _____

(3) true, Is, it (그거 사실이야?) ➔ _____

★ ★ ★　(1) Are you cold?　(2) Is she cute?　(3) Is it true?

2. 다음을 친구와 함께 말해 봐요. (서로 순서를 바꿔 말해 봐요.)

A　Is it delicious?　　　　　　맛있니?

B　Yes, it is. Have some.　　　응, 그래. 좀 먹어 봐.

A　No, thanks. I'm already full.　아니야, 고마워. 난 이미 배불러.

A　Are you serious?　　　　　진심이야?

B　Yes, I am. I like you.　　　응, 그래. 나 너 좋아해.

A　I'm really surprised.　　　나 정말 놀랬어.

톡톡 튀는 단어

- yes[jes] 응 / 그래 / 맞아
- no[nou] 아니야 / 틀려
- already[ɔːlrédi] 이미
- serious[síəriəs] 진심인 / 심각한
- surprised[sərpráizd] 놀란
- some[səm] 조금 / 약간 / 어떤
- thanks[θæŋks] 고마워
- full[ful] 꽉찬 / 배부른
- really[ríːəli] 정말 / 진짜로

1. 영어는 우리말로, 우리말은 영어로 고쳐 써 보고, 말해 봐요.

(1) Good morning.

➜ _____

(2) How are you?

➜ _____

(3) 기분이 어때?

➜ _____

(4) 아주 좋아.

➜ _____

★★★ (1) 안녕하세요.(아침 인사) (2) 안녕하세요? / 어떻게 지내세요? (3) How are you feeling? (4) Very well.

2. 영어 단어는 한국말로, 한국말은 영어 단어로 써 보고, 읽어 봐요.

(1) morning _____

(2) afternoon _____

(3) night _____

(4) good _____

(5) happy _____

(6) 기분을 느끼다 _____

(7) 나쁜 _____

(8) 좋은 _____

(9) 보다 _____

(10) 만나다 _____

★★★ (1) 아침 (2) 오후 (3) 저녁 (4) 좋은 (5) 행복한 / 즐거운 (6) feel (7) bad (8) well (9) see (10) meet

02 There is a snowman.
눈사람이 있네.

　'겨울'하면 뭐가 생각날까요? 추운 날씨. '추운 날씨'하면 당연히 눈이 생각나지요. 눈이 오면 밖에 나가서 친구들이랑 눈싸움도 하고 눈사람도 만들면서 정말 재미있게 놀 수 있어요. 누군가가 만들어 놓은 눈사람을 보고 "눈사람이 있네."라고 말하려면 "There is a snowman."이라고 하면 돼요. 이렇게 무엇이 있다는 말을 하고 싶을 때는 앞에 There is를 붙이면 돼요. 그런데 만약 눈사람이 하나가 아니라 두 개가 있다면 어떻게 말해야 할까요? 그때는 "There are two snowmen."이라고 말해야 해요. 무엇이 두 개 이상 있으면 There are를 붙여야 하니까요. 자, 겨울 하면 생각나는 것이 또 뭐가 있을까요? 크리스마스에 볼 수 있는 트리가 있네요. "크리스마스트리가 있어."는 "There is a Christmas tree."라고 하고, "크리스마스트리가 세 개 있어."는 "There are three Christmas trees."라고 한답니다. There is와 There are만 알고 있으면 영어로 할 수 있는 말이 무척 많아지겠죠? 그럼 꼭 알아두기로 해요!

톡톡 튀는 단어

- There is~ ~이 있다
- snowmen [snóumèn] 눈사람들
- snowman [snóumæn] 눈사람
- Christmas tree [krísməs trí:] 크리스마스트리

영어 표현 배우기

? 여기에 뭔가가 있어요!

 There is ~ / There are ~
~ 이 있다 / ~ 들이 있다

여기에 무엇인가가 있다는 것을 영어로 어떻게 표현하면 될까요?
여러 가지 상황을 상상해 보면서 영어로 직접 말해 봐요!

 There is a snowman.
눈사람이 있네.

There is a party tonight.
오늘 밤에 파티가 있어.

There is a McDonald's near here.
이 근처에 맥도날드가 있어.

(speech bubble) There is a snowman.

 There are two seats.
자리 두 개가 있네.

There are three Christmas trees.
크리스마스트리가 세 개 있어.

There are four people in my family.
우리 가족은 네 명이야.

단어가 반짝반짝

- party [pá:rti] 파티
- near [niər] 가까이 / 근처
- seats [si:ts] 자리들(seat의 복수형)
- my [mai] 나의

- tonight [tənáit] 오늘 밤
- here [hiər] 여기
- people [pí:pl] 사람들
- family [fǽməli] 가족

There are two big markets in our town.
우리 동네에는 큰 시장이 두 개 있어.

There are fifty computers in our school.
우리 학교에는 컴퓨터 50대가 있어.

There are many cars in Seoul.
서울에는 차가 많아.

 There isn't a DVD player in my house.
우리 집에는 DVD 플레이어가 없어.

There isn't a flower store.
꽃가게가 없네.

There aren't any letters for you.
너한테 온 편지는 없어.

There aren't any letters for you.

 There aren't many people at the beach.
바닷가에 사람들이 많이 없네.

There aren't many boys in my class.
우리 반에는 남자애들이 많이 없어.

There aren't many shirts in the closet.
옷장에 셔츠가 많이 없어.

 단어가
반짝반짝

- big [big] 큰
- fifty [fífti] 50 / 50의
- at [æt] ~에
- class [klæs] 교실 / 학급
- isn't [iznt] ~이 없다 / ~이 아니다 (is not의 줄임말)
- aren't [ɑːrnt] ~이 없다 / ~이 아니다 (are not의 줄임말)

- town [táun] 동네
- letter [létər] 편지
- beach [biːtʃ] 바닷가
- closet [klázit] 옷장

? 고마워! / 미안해!

3개의 대화 장면이 있어요. 지금 다들 어떤 상황에서 무슨 말을 나누고 있는 걸까요? 하나하나 살펴보면서 큰소리로 따라 해 봐요. 친구나 부모님과 함께 하면 더욱 재미있게 할 수 있어요. 준비~ 시작!

1

I'll give you this.
이것을 너에게 줄게.

Thank you very much.
굉장히 고마워.

You're welcome.
천만에.

It's very nice of you.
너 정말 멋져.

PRESENT~

단어가 반짝반짝

- I'll [ail] 나는 ~할 거야(I will의 줄임말)
- this [ðis] 이것
- go [gou] 가다
- nothing [nʌ́θiŋ] 조금도 ~않다
- happy [hǽpi] 행복한
- forget [fərgét] 잊다
- problem [prábləm] 문제

- give [giv] 주다
- much [mʌtʃ] 매우 / 대단히
- a lot [ə lát] 많이
- so [sou] 매우
- sorry [sári] 미안한
- birthday [báːrθdèi] 생일

확인

I'll go with you.
너와 함께 갈 거야.

Thanks a lot.
정말 고마워.

It is nothing.
별 거 아니야.

I'm so happy.
정말 행복해.

I'm sorry, Lina.
리나, 미안해.

What's up?
무슨 일이야?

I forgot your birthday.
너의 생일을 잊었어.

No problem.
괜찮아.

? 감사 / 사과

영어로 감사나 사과 표현을 해 볼까요? 누군가가 고맙거나 누군가에게 잘못을 했을 때 감사를 표하거나 사과해야 할 경우가 있어요. 영어로 상황에 맞는 표현을 배워서 직접 말해 봐요.

큰 소리로 말해 봐요.

Thanks.
고마워.

Thank you.
고마워.

Thanks a lot.
아주 고마워.

Thank you very much.
굉장히 감사해요.

Thank you so much.
아주 고마워.

Thank you for everything.
여러 가지로 고마워.

쑥쑥 크는 단어장

thanks [θæŋks] 고맙다

thank [θæŋk] 고맙다 / 감사합니다

a lot [ə lát] 많이

very much [véri mʌ́tʃ] 매우 많이

so much [sóu mʌ́tʃ] 매우 많이

for everything [fər évriθiŋ]
여러 가지로

You're welcome.
천만에.

Don't mention it.
별말씀을.

Not at all.
괜찮아.

It is nothing.
별 거 아니야.

It was my pleasure.
도울 수 있어 기뻤어.

I'm sorry.
미안해요.

Excuse me.
실례합니다.

It was my mistake!
그건 내 실수였어.

Please forgive me.
용서해 주세요.

That's all right.
괜찮아.

쑥쑥 크는 단어장

mention [ménʃən]
～에 대해 말하다 / 언급하다

at all [æt ɔːl] 전혀 ～아닌

pleasure [pléʒər] 기쁨

sorry [sári] 미안한

excuse [ikskjúːz] 용서하다

mistake [mistéik] 실수

please [pliːz] 부디 / 제발

forgive [fərgív] 용서하다

all [ɔːl] 모두

right [rait] 옳은 / 괜찮은

📢 배운 것을 기억하고 있나요?

1. 다음 단어로 문장을 만들어 쓰고 말해 봐요.

(1) party, There, a, is, tonight (오늘 밤에 파티가 있어.)

➡ _____

(2) are, seats, There, two (자리 두 개가 있네.)

➡ _____

(3) letters, aren't, any, There, you, for (너한테 온 편지는 없어.)

➡ _____

★★★ (1) There is a party tonight. (2) There are two seats. (3) There aren't any letters for you.

2. 다음을 친구와 함께 말해 봐요. (서로 순서를 바꿔 말해 봐요.)

A There is someone at the door.   문에 누군가 있어.

B Are you sure?   확실해?

A Yes, I heard something.   응, 뭔가 들었어.

A There are two seats over there.   저기에 두 개의 자리가 있어.

B Really? Let's go.   정말? 가자.

A Oops, there is just one. Sorry.   어, 마침 한 자리뿐이네. 미안해.

📚 톡톡튀는 단어

- someone [sʌ́mwʌ̀n] 누군가 / 어떤 사람
- heard [həːrd] 들었다 (hear의 과거형)
- over there 저기 / 저쪽에
- let's [lets] ~하자 (let us의 줄임말)
- oops [uːps] 어 / 앗 (놀라거나 당황할 때 내는 소리)
- sure [ʃuər] 확실한
- something [sʌ́mθiŋ] 어떤 것 / 뭔가
- really [ríːəli] 정말로
- go [gou] 가다
- just [dʒʌst] 마침 / 오직 / 꼭

1. 영어는 우리말로, 우리말은 영어로 고쳐 써 보고, 말해 봐요.

(1) Thanks a lot.

  ➜ _____

(2) I'm sorry.

  ➜ _____

(3) 여러 가지로 고마워.

  ➜ _____

(4) 그건 내 실수였어.

  ➜ _____

★★★ (1) 아주 고마워. (2) 미안해요. (3) Thank you for everything. (4) It was my mistake.

2. 영어 단어는 한국말로, 한국말은 영어 단어로 써 보고, 읽어 봐요.

(1) give _____ (2) birthday _____

(3) forget _____ (4) problem _____

(5) mention _____ (6) 기쁨 _____

(7) 미안한 _____ (8) 실수 _____

(9) 부디 / 제발 _____ (10) 용서하다 _____

★★★ (1) 주다 (2) 생일 (3) 잊다 (4) 문제 (5) 언급하다 (6) pleasure (7) sorry
(8) mistake (9) please (10) forgive / excuse

03 Let's go to a movie.
영화 보러 가자.

그동안 너무나도 보고 싶었던 영화가 곧 개봉한대요. 오랫동안 기다려왔으니 꼭 보고 싶겠죠? 그런데 아무래도 혼자 보기는 싫고, 그래서 친구에게 영화 보러 가자고 말하고 싶은데 어떻게 하면 될까요? "Let's go to a movie."라고 하면 돼요. 무엇을 하자라고 할 때 Let's라고 말한 후 하고 싶은 일을 덧붙여서 말하면 되지요. 아주 간단하죠? 이제 영화를 보러 갔으니 영화표를 사야겠죠.

"영화표 사자."는 "Let's buy tickets."라고 하면 돼요. 그리고 영화 볼 때는 누가 뭐라 해도 팝콘이 빠지면 섭섭하죠. "우리 팝콘 먹자."는 "Let's have popcorn."이라고 해요. 영화를 재미있게 보고 나와 집에 가려고 하는데 토요일 저녁이라 차가 많이 밀릴 것 같네요. 이럴 때, "지하철 타고 가자."는 "Let's go by subway."라고 하면 돼요. Let's란 말은 이처럼 친구에게 무엇을 같이 하자고 말할 때 꼭 필요한 말이랍니다. 이제는 자신 있게 영어로 친구에게 무엇을 하자고 말할 수 있겠지요?

톡톡 튀는 단어

- Let's [lets] ~하자(Let us의 줄임말)
- buy [bai] 사다
- go [gou] 가다
- have [hæv] 먹다 / 가지다

영어 표현 배우기

 우리 함께 해요!

Let's ~
우리 ~ 하자

친구에게 무언가를 함께 하자고 말하고 싶을 때 영어로는 어떻게 표현하면 될까요? 여러 가지 상황을 상상해 보면서 영어로 직접 말해 봐요!

 Let's go to a movie.
영화 보자.

Let's have lunch together.
점심 같이 먹자.

Let's meet at 7 o'clock.
7시에 만나자.

 Let's do our best.
최선을 다하자.

Let's play football.
축구하자.

Let's study at the library.
도서관에서 공부하자.

- lunch [lʌntʃ] 점심식사
- meet [miːt] 만나다
- our best [áuər bést] 우리의 최선
- football [fútbɔ̀ːl] 축구
- together [təɡéðər] 함께
- do [duː] 하다
- play [plei] 운동하다 / 게임하다
- library [láibrèri] 도서관

Let's go by subway.
지하철 타고 가자.

Let's see *Shrek 2*.
슈렉 2 보자.

Let's buy some fruit.
과일 좀 사자.

 Let's buy tickets.
티켓을 사자.

Let's have some chocolate.
초콜릿 좀 먹자.

Let's meet in 5 minutes.
5분 후에 보자.

 Let's have popcorn.
팝콘 먹자.

Let's go Dutch.
각자 내자.

Let's finish it by Monday.
월요일까지 끝내자.

- subway [sΛbwèi] 지하철
- some [səm] 어떤 / 조금
- tickets [tíkits] 표 (ticket의 복수형)
- 5 minutes 5분
- finish [fíniʃ] 끝내다
- see [siː] 보다
- fruit [fruːt] 과일
- chocolate [tʃákələt] 초콜릿
- popcorn [pápkɔ̀ːrn] 팝콘(과자 이름)
- Monday [mʌ́ndei] 월요일

알콩달콩 생활 회화

 이름이 뭐니?

3개의 대화 장면이 있어요. 지금 다들 어떤 상황에서 무슨 말을 나누고 있는 걸까요? 하나하나 살펴보면서 큰소리로 따라 해 봐요. 친구나 부모님과 함께 하면 더욱 재미있게 할 수 있어요. 준비~ 시작!

What's your name?
너의 이름은 뭐니?

My name is Lina.
나의 이름은 리나야.

What's his name?
그의 이름은 뭐니?

His name is Dong-ho Lee.
그의 이름은 이동호야.

 단어가 반짝반짝

- What's ~ ? [hwɑts] ~은[는] 무엇이니?(what is의 줄임말)
- I'm ~ [aim] 나는 ~이다(I am의 줄임말)
- How old ~ ? [háu óuld] ~은[는] 몇 살이니?
- What grade ~ ? [hwát gréid] ~은[는] 몇 학년이니?
- name [neim] 이름
- meet [miːt] 만나다
- grade [greid] 학년 / 등급
- nice [nais] 좋은 / 멋진
- student [stjuːdnt] 학생
- the fifth grade [ðə fífθ gréid] 5학년

How old are you?
너 몇 살이니?

I'm ten years old. And you?
나는 열 살이야. 너는?

I'm nine.
난 아홉 살이야.

Nice to meet you.
만나서 반가워.

Are you a student?
너 학생이니?

Yes, I am.
응, 난 학생이야.

What grade are you in?
너 몇 학년이니?

I'm in the fifth grade.
난 5학년이야.

? 소개

학교에서 자기 소개를 많이 해 보았을 거예요. 자신의 소개뿐만 아니라 친구나 가족을 다른 사람에게 소개 시키기도 했을 거예요. 영어로 소개하는 표현을 배워서 직접 말해 봐요.

What's your name?
너의 이름은 뭐니?

My name is Lina.
나의 이름은 리나야.

What's his name?
그의 이름은 뭐니?

His name is Dong-ho Lee.
그의 이름은 이동호야.

How old are you?
너 몇 살이니?

I'm ten years old.
나는 열 살이야.

쑥쑥 크는 단어장

What's ~ ? ~은[는] 무엇입니까?

name[neim] 이름

your[juər] 너의 / 당신의

my[mai] 나의

his[hiz] 그의/그 남자의/그 남자애의

How old ~ ? ~은[는] 몇 살입니까?

I'm[aim] 나는 ~ 이다

ten[ten] 10 / 열

How many are there in your family?
너희 가족은 얼마나 되니?

There are four.
네 명이야.

Are you a student?
너는 학생이니?

Yes, I am.
응, 나는 학생이야.

What grade are you in?
너 몇 학년이니?

I'm in the fifth grade.
나는 5학년이야.

Where were you born?
너는 어디서 태어났니?

I was born in Seoul.
나는 서울에서 태어났어.

Where do you live?
너는 어디서 사니?

I live in Busan.
나는 부산에서 살아.

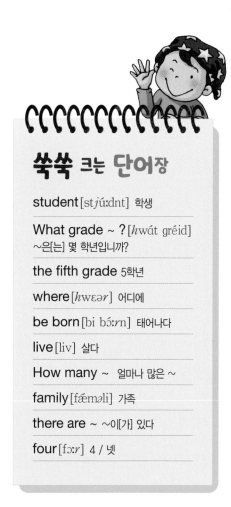

쑥쑥 크는 단어장

student [stjúːdnt] 학생

What grade ~ ? [hwát gréid]
~은[는] 몇 학년입니까?

the fifth grade 5학년

where [hwɛər] 어디에

be born [bi bɔ́ːrn] 태어나다

live [liv] 살다

How many ~ 얼마나 많은 ~

family [fǽməli] 가족

there are ~ ~이[가] 있다

four [fɔːr] 4 / 넷

배운 것을 기억하고 있나요?

1. 다음 단어로 문장을 만들어 쓰고 말해 봐요.

(1) do, our, Let's, best (최선을 다하자.) ➜ _____

(2) meet, Let's, in, 5 minutes (5분 후에 보자.)

➜ _____

(3) finish, it, Monday, by, Let's (월요일까지 끝내자.)

➜ _____

✱✱✱　(1) Let's do our best.　(2) Let's meet in 5 minutes.　(3) Let's finish it by Monday.

2. 다음을 친구와 함께 말해 봐요. (서로 순서를 바꿔 말해 봐요.)

A　Let's watch Channel 13.　　　　13번 채널을 보자.

B　What's on Channel 13?　　　　13번 채널에서 뭐 하는데?

A　It's showing *Spiderman 2*.　　　스파이더맨 2가 방송되고 있어.

A　What do you want to do?　　　무엇을 하고 싶니?

B　Let's go swimming.　　　　　수영하러 가자.

A　No, it's too cold.　　　　　안돼, 너무 추워.

 **톡톡** 튀는 단어 〰〰〰〰〰〰〰〰〰〰

- watch [wɑtʃ] 보다
- What's [hwɑts] 무엇인가? (What is의 줄임말)
- *Spiderman 2* [spáidərmæn tuː] 스파이더맨 2(영화 제목)
- swimming [swímiŋ] 수영
- cold [kould] 추운
- Channel 13 [tʃænl] 13번 채널
- showing [ʃóuiŋ] 보여 주는
- too [tuː] 너무나

1. 영어는 우리말로, 우리말은 영어로 고쳐 써 보고, 말해 봐요.

(1) What's your name? ➜ _____

(2) How old are you? ➜ _____

(3) 나는 열 살이야. ➜ _____

(4) 너 학생이니? ➜ _____

★★★ (1) 너의 이름은 뭐니? (2) 너 몇 살이니? (3) I'm ten years old. (4) Are you a student?

2. 영어 단어는 한국말로, 한국말은 영어 단어로 써 보고, 읽어 봐요.

(1) name _____ (2) my _____

(3) his _____ (4) student _____

(5) where _____ (6) 살다 _____

(7) 가족 _____

(8) ~은[는] 무엇이니? _____

(9) ~은[는] 몇 살이니? _____

(10) ~은[는] 몇 학년이니? _____

★★★ (1) 이름 (2) 나의 (3) 그의 (4) 학생 (5) 어디에 (6) live (7) family
(8) What's ~ ? (9) How old ~ ? (10) What grade ~ ?

04 I can speak English.
나는 영어를 할 수 있어.

　　요즘 영어를 열심히 배우니까 하루하루 할 수 있는 말이 늘고 있지 않나요? 그렇다면 친구들 앞에서 또는 선생님과 엄마 아빠 앞에서 이렇게 말해 봐요. "I can speak English." 이 말이 바로"난 영어를 할 수 있어."란 뜻이거든요. I can 이란 말을 써서 내가 할 수 있는 일들을 마음껏 자랑해 봐요. 또 무엇을 할 수 있나요? "난 피아노를 칠 수 있어."는 "I can play the piano."라고 해요. 그런데 아쉽게도 못 하는 일도 있을 수 있겠죠? 그럴 때에는 I can에 not을 붙여서 I cannot 또는 짧게 줄여서 I can't를 써야 한답니다. "난 빨리 달리지 못해."는 "I can't run fast."가 되는 거지요. 그런데 이 can이란 단어가 무엇을 해도 된다는 뜻을 가질 때도 있어요. "너 내 펜 써도 돼."라고 말한다면 "You can use my pen.", "넌 지금 가도 돼."는 "You can go now."라고 해요. 그러면 무엇을 해서는 안 된다는 것은 You can't를 쓰면 되겠죠? "내 펜 쓰면 안 돼."는 "You can't use my pen."이라고 해요. "지금 가면 안 돼."는 "You can't go now."가 돼요. 와! can 이란 단어로 이렇게 여러 가지 말을 할 수 있다니 can이 대단해 보이지 않나요?

톡톡튀는 단어

- **I can** ~ 나는 ~할 수 있다
- **play** [plei] 놀다 / 경기하다 / 연주하다
- **speak** [spi:k] 말하다
- **use** [ju:z] 쓰다 / 이용하다

영어 표현 배우기

? 할 수 있어요!

I can ~ / I can't ~
나는 ~ 할 수 있어 / 나는 ~ 할 수 없어

무언가를 할 수 있거나 없을 때 영어로는 어떻게 표현하면 될까요?
여러 가지 상황을 상상해 보면서 영어로 직접 말해 봐요!

I can speak English.
나는 영어를 할 수 있어.

I can play *Lineage 2* well.
나는 리니지 2를 잘할 수 있어.

I can wash the dishes.
나는 설거지를 할 수 있어.

She can't play the flute very well.

I can't play the flute very well.
나는 플루트를 잘 불지 못해.

I can't cook curry and rice.
나는 카레라이스를 만들지 못해.

I can't meet you tomorrow.
나는 내일 널 만날 수 없어.

- I can't ~ 나는 ~ 할 수 없다(I cannot의 줄임말)
- English [íŋgliʃ] 영어
- wash [wɔːʃ] 씻다 / 설거지하다
- curry and rice 카레라이스
- cook [kuk] 요리하다
- dishes [díʃiz] 그릇들(dish의 복수형)
- tomorrow [təmɔ́ːrou] 내일

You can use my pencil.
내 연필을 써도 좋아.

She can run fast.
그 여자애는 빨리 달릴 수 있어.

He can drive a car.
그 사람은 운전을 할 수 있어.

 You can't win the game.
넌 게임을 이길 수 없어.

She can't play baseball.
그 여자애는 야구를 못해.

He can't skate.
그 남자애는 스케이트를 못 타.

 We can go out now.
우린 지금 당장 나갈 수가 있어.

We can't speak Chinese.
우린 중국어를 할 수 없어.

They can ski very well.
그 애들은 스키를 매우 잘 타.

- pencil [pénsəl] 연필
- fast [fæst] 빨리
- win [win] 이기다
- skate [skeit] 스케이트타다
- Chinese [tʃainíːz] 중국어
- run [rʌn] 달리다 / 뛰다
- drive [draiv] 운전하다
- baseball [béisbɔ̀ːl] 야구
- go out [góu áut] 나가다 / 외출하다
- ski [skiː] 스키타다

알콩달콩 생활 회화

무슨 일이니? (1)

3개의 대화 장면이 있어요. 지금 다들 어떤 상황에서 무슨 말을 나누고 있는 걸까요? 하나하나 살펴보면서 큰소리로 따라 해 봐요. 친구나 부모님과 함께 하면 더욱 재미있게 할 수 있어요. 준비~ 시작!

1

What's up?
무슨 일이니?

I'm very hungry.
나 아주 배고파.

Here's some bread.
여기 빵이 좀 있어.

It looks delicious.
그거 맛있어 보이네.

It looks delicious.

단어가 반짝반짝

- hungry[hʌ́ŋgri] 배고픈
- some[səm] 약간의 / 어떤
- look[luk] 보이다 / 보다
- milk[milk] 우유
- have[hæv] 먹다 / 가지다
- sad[sæd] 슬픈

- here is ~ [híər iz] 여기 ~이[가] 있다
- bread[bred] 빵
- delicious[dilíʃəs] 맛있는
- I'll[ail] 나는 ~할 거야(I will의 줄임말)
- wrong[rɔːŋ] 나쁜 / 잘못된

Are you thirsty?
목마르니?

Yes, I am. Could you give me something to drink?
응, 목말라. 마실 것 좀 줄래?

Here's some milk.
여기 우유가 있어.

Thank you.
고마워.

What's wrong?
뭐가 잘못됐니?

It's nothing.
별 거 없어.

You look sad.
너 슬퍼 보여.

I'm OK.
난 괜찮아.

생활 영어 표현 배우기

? 생활(1)

일상생활 속에서 쉽게 마주칠 수 있는 영어 표현들을 배워 볼까요?
친구들과 가볍게 묻고 대답할 수 있는 표현들을 다양하게 배워서 영어로 직접 말해 봐요.

큰 소리로 말해 봐요.

What's up?
무슨 일이니?

Are you hungry?
배고프니?

Yes, I'm very hungry.
응, 굉장히 배고파.

Are you thirsty?
목마르니?

Yes, I'm very thirsty.
응, 아주 목말라.

Here's milk.
여기 우유가 있어.

쑥쑥 크는 단어장

Are you~ ? 너 ~하니?

hungry [hʌ́ŋgri] 배고픈

very [véri] 매우

thirsty [θə́ːrsti] 목마른

Here's [hiərz]
~ 여기 ~이[가] 있다(here is의 줄임말)

some [səm] 약간의

milk [milk] 우유

Here's some bread.
여기 빵이 좀 있어.

It looks delicious.
그거 맛있어 보이네.

I'll have it.
나 그거 먹을래.

Anything else?
그밖에 다른 것은?

I think that's all.
그게 다 인 것 같아.

What's wrong?
뭐가 잘못됐니?

You look happy.
좋아 보여.

쑥쑥 크는 단어장

bread [bred] 빵

look [luk] 보이다 / 보다

delicious [dilíʃəs] 맛있는

anything [éniθìŋ] 무언가 / 무엇이든

else [els] 그밖의 / 다른

You look sad.
슬퍼 보여.

wrong [rɔːŋ] 나쁜 / 잘못된

happy [hǽpi] 행복한

sad [sæd] 슬픈

You look well.
건강해 보여.

well [wel] 건강한 / 잘

tired [taiərd] 피곤한

You look so tired.
굉장히 피곤해 보여.

배운 것을 기억하고 있나요?

1. 다음 단어로 문장을 만들어 쓰고 말해 봐요.

(1) use, can, You, my pencil (내 연필을 써도 좋아.)

➜ _____

(2) meet, I, can't, you, tomorrow (나는 내일 널 만날 수 없어.)

➜ _____

(3) skate, He, can't (그 남자애는 스케이트를 못 타.)

➜ _____

★★★　(1) You can use my pencil.　(2) I can't meet you tomorrow.　(3) He can't skate.

2. 다음을 친구와 함께 말해 봐요. (서로 순서를 바꿔 말해 봐요.)

A　There's an American.　　　　　　미국인이 있어.

B　I can speak English.　　　　　　나는 영어를 할 수 있어.

A　That's great. Let's talk to him.　멋진데. 그에게 말을 걸어 보자.

A　I'm tired.　　　　　　　　　　　피곤해.

B　Are you? OK, you can take a break.　그렇니? 잠깐 쉬어도 좋아.

A　I'll be back in 10 minutes.　　　10분 후에 돌아올게.

톡톡 튀는 단어

- American [əmérikən] 미국인
- talk [tɔːk] 말하다
- I'm 나는 ~이다(I am의 줄임말)
- OK 좋아(okay의 줄임말)
- I'll 나는 ~할 거다(I will의 줄임말)

- great [greit] 훌륭한 / 멋진 / 굉장한
- him [him] 그를
- tired [taiərd] 피곤한
- take a break [téik ə bréik] 잠깐 쉬다
- back [bæk] 뒤에 / 제자리에

1. 영어는 우리말로, 우리말은 영어로 고쳐 써 보고, 말해 봐요.

(1) What's up?

➜ _____

(2) Here's some bread.

➜ _____

(3) 나 그거 먹을래.

➜ _____

(4) 슬퍼 보여.

➜ _____

★★★   (1) 무슨 일이니? (2) 여기 빵이 좀 있어. (3) I'll have it. (4) You look sad.

2. 영어 단어는 한국말로, 한국말은 영어 단어로 써 보고, 읽어 봐요.

(1) hungry _____   (2) some _____

(3) bread _____   (4) look _____

(5) delicious _____   (6) 우유 _____

(7) 먹다 / 가지다 _____   (8) 나쁜 / 잘못된 _____

(9) 슬픈 _____   (10) 목마른 _____

★★★   (1) 배고픈 (2) 약간의 / 어떤 (3) 빵 (4) 보이다 / 보다 (5) 맛있는 (6) milk (7) have (8) wrong (9) sad (10) thirsty

05 I have many nicknames.
나는 별명이 많아.

　홍당무, 딸기, 그리고 불타는 고구마 등등 얼굴이 잘 빨개진다는 이유만으로 별명이 참 많은 친구가 있죠? 그 친구는 별로 예쁘지 않은 별명들이 싫겠지만, 독특한 별명을 가지면 친구들의 기억 속에 오래 남을 수 있어 좋기도 하답니다. "난 별명이 많아."라고 말하고 싶다면 "I have many nicknames."라고 말하면 돼요. have는 무엇을 가진다는 단어로 정말 많이 쓰인답니다.

　"나는 남자친구가 있어."는 "I have a boyfriend."라고 하면 돼요. 이렇게 나는 무엇을 가지고 있다고 말할 때는 I have를 쓰면 돼요. 하지만 남자친구가 아직 없을 경우도 있겠지요? "I don't have a boyfriend."라고 하면 "나는 남자친구가 없어."란 말이 돼요. I와 have 사이에 don't란 낱말을 넣으면 무엇이 없다고 표현할 수 있어요. 어떤 여자애가 남자친구가 있다는 말을 하려면 "She has a boyfriend."라 하고, 남자친구가 없다는 말은 "She doesn't have a boyfriend."라고 해요. 다른 친구에 대해서 말할 때는 have가 has로, don't have가 doesn't have로 바뀌는 것을 잘 알아둬요!

톡톡 튀는 단어

- I have ~ 나는 ~을 가지고 있다
- boyfriend [bɔ́ifrènd] 남자친구
- nicknames [níknèimz] 별명(nickname의 복수형)
- don't have ~을 가지고 있지 않다

영어 표현 배우기

? 가지고 있어요!

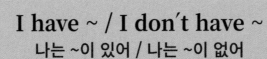

I have ~ / I don't have ~
나는 ~이 있어 / 나는 ~이 없어

무언가를 가지고 있거나 없을 때 영어로는 어떻게 표현하면 될까요?
여러 가지 상황을 상상해 보면서 영어로 직접 말해 봐요!

I have many nicknames.
나는 별명이 많아.

You have nice sneakers.
너는 좋은 운동화를 가졌구나.

She has a pretty hairpin.
그 여자애는 예쁜 머리핀을 가지고 있어.

I don't have any money.

I don't have any money.
나는 돈이 하나도 없어.

You don't have any manners.
너 매너가 없구나.

She doesn't have a boyfriend.
그 여자애는 남자친구가 없어.

- **have**[hæv] 가지다 / 먹다(I, you, we, they 등과 함께 쓰여요.)
- **has**[hæz] 가지다 / 먹다(she, he, it 등과 함께 쓰여요.)
- **don't**[dount] ~아니다(do not의 줄임말, I, you, we, they 등과 함께 쓰여요.)
- **doesn't**[dʌznt] ~아니다(does not의 줄임말, she, he, it 등과 함께 쓰여요.)

He has curly hair.
그 남자애는 고수머리야.

He has a big problem.
그는 큰 문제를 가지고 있어.

He doesn't have any brothers.
그 남자애는 남자형제가 없어.

 We have a football.
우리는 축구공이 있어.

We have a dream.
우리는 꿈이 있어.

We don't have any holidays.
우리는 휴일이 없어.

 They have many questions.
그 애들은 질문이 많아.

They don't have an umbrella.
그 애들은 우산이 없어.

It doesn't have a wing.
그것은 날개가 없어.

- curly hair [ká:rli hέər] 고수머리
- headache [hédèik] 두통
- football [fútbɔ̀:l] 축구 / 축구공
- holiday [hálədèi] 휴일
- question [kwést∫ən] 질문
- wing [wiŋ] 날개
- problem [prábləm] 문제
- we [wi:] 우리
- dream [dri:m] 꿈
- they [ðei] 그들
- umbrella [ʌmbrélə] 우산

알콩달콩 생활 회화

? 지금 기분이 어때? (2)

3개의 대화 장면이 있어요. 지금 다들 어떤 상황에서 무슨 말을 나누고 있는 걸까요? 하나하나 살펴보면서 큰소리로 따라 해 봐요. 친구나 부모님과 함께 하면 더욱 재미있게 할 수 있어요. 준비~ 시작!

1

Did you take some medicine?
약 좀 먹었니?

Yes, I did.
응, 먹었어.

How are you feeling now?
지금 기분이 어때?

I'm fine. Thanks.
괜찮아. 고마워.

- Did you ~ ? ~을[를] 했니?
- feel [fiːl] 기분을 느끼다
- fine [fain] 좋은 / 괜찮은
- That's ~ 그것은 ~이다(that is의 줄임말)
- today [tədéi] 오늘
- bad mood [bǽd múːd] 나쁜 기분
- medicine [médəsin] 약
- now [nau] 지금
- fly [flai] 날다
- great [greit] 굉장한 / 중대한
- just [dʒʌst] 단지 / 그냥
- let [let] ~하게 하다

How are you feeling now?
지금 기분이 어때?

I'm flying.
날아갈 듯 해.

That's great.
그거 굉장한데.

I'm so happy now.
지금 너무 행복해.

I'm feeling sad today.
오늘은 기분이 우울해.

What's wrong with you?
뭐가 잘못됐는데?

I'm just in a bad mood.
그냥 기분이 안 좋아.

Just let it go.
그냥 잊어 버려.

❓ 생활(2)

일상생활 속에서 쉽게 마주칠 수 있는 영어 표현들을 배워 볼까요?
친구들과 가볍게 묻고 대답할 수 있는 표현들을 다양하게 배워서 영어로 직접 말해 봐요.

How are you feeling now?
지금 기분이 어때?

I'm so happy.
너무 행복해.

I'm flying.
날아갈 듯 해.

I can't stop smiling.
웃음을 참을 수가 없어.

I'm just in a bad mood.
그냥 기분이 안 좋아.

I'm really angry.
나 정말 화났어.

쑥쑥 크는 단어장

feel [fiːl] 기분을 느끼다

now [nau] 지금

happy [hǽpi] 행복한

fly [flai] 날다

stop [stɑp] 멈추다

smile [smail] 웃다

bad mood [bǽd múːd] 나쁜 기분

really [ríːəli] 정말로

angry [ǽŋgri] 화난

That makes me feel bad.
그게 내 기분을 상하게 해.

That really makes me mad.
그것 때문에 정말 미치겠어.

I'm so steamed.
정말 열불 나.

I'm feeling sad today.
오늘은 기분이 우울해.

I'm really worried about it.
정말 걱정돼.

Don't worry about it.
걱정하지 마.

Just let it go.
그냥 잊어 버려.

Do you get along well with friends?
친구들하고 사이가 좋니?

Of course.
물론이지.

Yes, I do.
응, 그래.(친구들과 잘 지내.)

쑥쑥 크는 단어장

make[meik] 만들다

feel[fiːl] 기분을 느끼다

mad[mæd] 미친

steamed[stiːmd] 화난 / 발끈한

sad[sæd] 슬픈

worried[wə́ːrid] 걱정되는

about[əbáut] ~에 대하여

get along well with ~
~와 잘 지내다

배운 것을 기억하고 있나요?

1. 다음 단어로 문장을 만들어 쓰고 말해 봐요.

(1) don't, I, any, money, have (나는 돈이 하나도 없어.)

➜ _____

(2) hair, curly, He, has (그 남자애는 고수머리야.)

➜ _____

(3) dream, We, a, have (우리는 꿈이 있어.)

➜ _____

★★★ (1) I don't have any money. (2) He has curly hair. (3) We have a dream.

2. 다음을 친구와 함께 말해 봐요. (서로 순서를 바꿔 말해 봐요.)

A You have nice sneakers.   너 좋은 운동화를 가졌구나.

B Thanks. Yours are nice, too.   고마워. 너의 것도 좋은데.

A No, I don't think so.   아니야, 나는 그렇게 생각하지 않아.

A He has a headache.   그 남자애 머리가 아프대.

B That's too bad.   그것 너무 안됐구나.

A He had better go home.   그 남자애 집에 가는 게 좋겠어.

톡톡 튀는 단어

1. 영어는 우리말로, 우리말은 영어로 고쳐 써 보고, 말해 봐요.

(1) Did you take some medicine?

   ➜ _____

(2) How are you feeling now?

   ➜ _____

(3) 날아갈 듯 해.

   ➜ _____

(4) 그냥 잊어 버려.

   ➜ _____

          ★★★ (1) 약 좀 먹었니? (2) 지금 기분이 어때? (3) I'm flying. (4) Just let it go.

2. 영어 단어는 한국말로, 한국말은 영어 단어로 써 보고, 읽어 봐요.

(1) medicine _____   (2) feel _____

(3) fly _____   (4) today _____

(5) bad mood _____   (6) ~하게 하다 _____

(7) 멈추다 _____   (8) 웃다 _____

(9) 정말로 _____   (10) 화난 _____

     ★★★ (1) 약 (2) 기분을 느끼다 (3) 날다 (4) 오늘 (5) 나쁜 기분 (6) let (7) stop (8) smile (9) really (10) angry

06 Can I have spaghetti with cream sauce?

크림스파게티 주세요.

혹시 지금 가장 먹고 싶은 음식이 뭔가요? 요즘 스파게티를 파는 음식점도 많아지고 스파게티 종류도 정말 다양해졌지요? 메뉴를 보고 딱 한 가지만 고르려면 먹고 싶은 게 많아서 고민이 이만저만이 아니에요. 그래도 주문받는 사람이 계속 기다리고 있으니, 자 이제 주문을 해 볼까요? "Can I have spaghetti with cream sauce?"라고 하면 무슨 뜻이 될까요? 아~, 결국은 크림 스파게티를 골랐군요. 아주 맛있겠네요. Can I는 내가 무엇을 해도 되는지 상대방에게 물어보는 말이랍니다. "크림 스파게티를 먹어도 돼요?"는 즉, "크림 스파게티 주세요."란 말과 똑같아요. 그럼, 수업 중에 갑자기 화장실에 너무 가고 싶어지면 어떻게 해야 될까요? "Can I go to the bathroom?"이라고 하면 된답니다. 반대로 상대방에게 무엇을 해달라고 부탁을 할 때는 어떻게 말할까요? 아주 간단해요. I를 you로만 바꿔서 말하면 되거든요. "좀 조용히 해줄래?"는 "Can you be quiet?"라고 하면 돼요. "창문 좀 닫아줄래?"는 "Can you close the window?"라고 하세요. 기억하나요? can이 정말 대단한 단어라고 했던 말.

톡톡 튀는 단어

- **Can I ~ ?** ~해도 돼요? / ~해 줄래요?
- **bathroom** [bǽθrúːm] 화장실
- **spaghetti** [spəgéti] 스파게티
- **quiet** [kwáiət] 조용한

? 해도 되나요?

Can I ~ / Can you ~
내가 ~ 해도 돼? / ~ 좀 해 줄래?

무언가를 해도 되는지 묻거나 해달라고 말할 때 영어로는 어떻게 표현하면 될까요? 여러 가지 상황을 상상해 보면서 영어로 직접 말해 봐요!

Can I have spaghetti with cream sauce?
크림스파게티 주세요.

Can I look at your book?
너의 책을 봐도 되니?

Can I sit here?
여기 앉아도 돼요?

Can you be quiet?
좀 조용히 해 줄래?

Can you close the window?
창문 좀 닫아 줄래?

Can you tell me your name?
네 이름 좀 말해 줄래?

단어가 반짝반짝

- look[luk] 보다
- sit[sit] 앉다
- window[wíndou] 창문
- me[miː] 나를 / 나에게
- your[juər] 너의
- close[klouz] 닫다
- tell[tel] 말하다
- name[neim] 이름

Can she use your computer?
그 여자애가 너의 컴퓨터를 써도 되니?

Can she go to the bathroom?
그 여자애가 화장실에 가도 돼요?

Can she buy the earrings?
그 여자애가 귀걸이를 사도 돼요?

Can he play basketball?
그 남자애 농구해도 돼요?

Can he drive a car?
그 사람이 운전을 해도 돼요?

Can he take a nap?
그 애가 낮잠을 자도 돼요?

Can we take a rest?
우리 잠깐 쉬어도 돼요?

Can we go to the concert?
우리 콘서트에 가도 돼요?

Can they watch this movie?
그 애들이 이 영화를 봐도 돼요?

- bathroom [bǽθrúːm] 화장실
- basketball [bǽskitbɔ̀ːl] 농구
- car [kɑːr] 자동차
- take a rest 쉬다
- watch [wɑtʃ] 보다
- earrings [íəriŋz] 귀걸이 (earring의 복수형)
- drive [draiv] 운전하다
- take a nap 낮잠 자다
- concert [kánsərt] 콘서트
- this [ðis] 이것

? 뭐가 문제니? (3)

3개의 대화 장면이 있어요. 지금 다들 어떤 상황에서 무슨 말을 나누고 있는 걸까요? 하나하나 살펴보면서 큰소리로 따라 해 봐요. 친구나 부모님과 함께 하면 더욱 재미있게 할 수 있어요. 준비~ 시작!

What's the problem?
뭐가 문제야?

I have a cold.
감기 걸렸어.

That's too bad.
그것 참 안됐다.

That's OK. I'll take medicine.
괜찮아. 나 약 먹을 거야.

단어가 반짝반짝

- problem [prábləm] 문제
- too bad [tú: bæd] 너무 나쁜 / 아주 안 좋은
- medicine [médəsin] 약
- stomachache [stʌ́məkèik] 복통
- doctor [dáktər] 의사
- schoolbag [skú:lbæg] 책가방
- cold [kould] 감기
- sick [sik] 아픈
- should [ʃəd] ~해야 한다
- lose [lu:z] 잃다
- yesterday [jéstərdèi] 어제

Are you sick?
아프니?

I have a stomachache.
배가 아파.

You should go to a doctor.
병원에 가야겠다.

Yes, I will.
응, 그럴게.

Did you lose something?
너 뭐 잃어버렸니?

I lost my schoolbag.
책가방을 잃어버렸어.

When did you lose it?
언제 그걸 잃어버렸니?

It was yesterday morning.
어제 아침에.

? 생활(3)

일상생활 속에서 쉽게 마주칠 수 있는 영어 표현들을 배워 볼까요? 친구들과 가볍게 묻고 대답할 수 있는 표현들을 다양하게 배워서 영어로 직접 말해 봐요.

큰 소리로 말해 봐요.

How often do you go to the department store?
얼마나 자주 백화점에 가니?

Once a week.
일주일에 한 번.

Did you lose something?
너 뭐 잃어버렸니?

I lost my schoolbag.
책가방을 잃어버렸어.

What do you want to buy?
무엇을 사고 싶니?

I want to buy a digital camera.
디지털 카메라를 사고 싶어.

쑥쑥 크는 단어장

How often ~ ?
얼마나 자주 ~합니까?

department store
[dipá:rtmənt stɔ́:r] 백화점

lose [lu:z] 잃다

something [sʌ́mθiŋ] 어떤 것

lost [lɔ́:st] 잃어버렸다(lose의 과거형)

schoolbag [skú:lbæg] 책가방

want [wɔ́:nt] 바라다 / 원하다

buy [bái] 사다

digital camera
[dídʒətl kǽmərə] 디지털 카메라

Are you sick?
아프니?

I have a fever.
열이 있어.

I have a cold.
감기 걸렸어.

I have a stomachache.
배가 아파.

You should go to a doctor.
병원에 가야겠다.

What's the problem?
뭐가 문제야?

I had a fight with my friend.
친구랑 싸웠어.

I lost my way.
길을 잃었어.

I hurt my finger.
손가락을 다쳤어.

That's too bad.
그것 참 안됐다.

쑥쑥 크는 단어장

sick [sik] 아픈

fever [fíːvər] 열

cold [kould] 감기

stomachache [stʌ́məkèik] 복통

doctor [dáktər] 의사

problem [prábləm] 문제

fight [fait] 싸움

with [wið] ~와

friend [frend] 친구

way [wei] 길

hurt [həːrt] 다치다

finger [fíŋgər] 손가락

배운 것을 기억하고 있나요?

1. 다음 단어로 문장을 만들어 쓰고 말해 봐요.

(1) sit, I, here, Can (여기 앉아도 돼요?)

➡ _____

(2) go, she, to, the, bathroom, Can (그 여자애가 화장실에 가도 돼요?)

➡ _____

(3) take, we, a, Can, rest (잠깐 쉬어도 돼요?)

➡ _____

★★★　　(1) Can I sit here?　(2) Can she go to the bathroom?　(3) Can we take a rest?

2. 다음을 친구와 함께 말해 봐요. (서로 순서를 바꿔 말해 봐요.)

A　May I take your order?　　　　　주문해 주실래요?

B　Yes, Can I have a cheeseburger?　네, 치즈버거 주세요.

A　Anything else?　　　　　　　　다른 거는요?

A　Can we go to the concert?　　　우리 콘서트에 가도 돼요?

B　Whose concert is it?　　　　　누구의 콘서트이지?

A　It's　A's concert.　　　　　　A의 콘서트예요.

톡톡 튀는 단어

- May I~? 내가 ~해도 될까요?
- else[els] 그밖의 / 다른
- whose[huːz] 누구의
- anything[éniθiŋ] 무언가
- concert[kánsəːrt] 콘서트
- A's concert A의 콘서트

1. 영어는 우리말로, 우리말은 영어로 고쳐 써 보고, 말해 봐요.

(1) What's the problem?

➔ _____

(2) Are you sick?

➔ _____

(3) 병원에 가야겠다.

➔ _____

(4) 책가방을 잃어버렸어.

➔ _____

★★★   (1) 뭐가 문제야? (2) 아프니? (3) You should go to a doctor. (4) I lost my schoolbag.

2. 영어 단어는 한국말로, 한국말은 영어 단어로 써 보고, 읽어 봐요.

(1) problem _____   (2) cold _____

(3) stomachache _____   (4) doctor _____

(5) lose _____   (6) 가방 _____

(7) 어제 _____   (8) 백화점 _____

(9) 바라다 / 원하다 _____   (10) 열 _____

★★★   (1) 문제 (2) 감기 (3) 복통 (4) 의사 (5) 잃다 (6) schoolbag (7) yesterday
(8) department store (9) want (10) fever

07 You look pretty.
예뻐 보여.

와! 이렇게 예쁠 수가! 여자친구가 새 옷을 입고 왔는데 아주 잘 어울리고 예뻐 보인다고요? 그럴 때 여자친구에게 예뻐 보인다는 말을 해 줘야 하겠지요?

"예뻐 보여."는 "You look pretty."라고 하면 된답니다. 이렇게 누군가가 어떻게 보인다는 말을 할 때 You look을 쓰면 돼요. 아파 보이면, "You look sick."라고 하면 되고, 건강해 보이면, "You look well."이라고 해요. 그리고 그냥 좀 안 좋아 보이면, "You look bad."라고 하지요. 누군가에게 칭찬을 해 주거나 걱정하는 마음을 표현하고 싶을 때 아주 좋겠죠? 이번엔 같은 반에 있는 한 남자친구가 아주 멋져 보인다고 칭찬을 해 볼까요? "He looks cool."이라고 하면 돼요. 여기서는 look이 아니라 looks가 되었네요. 다른 친구가 어떻게 보이는지 말할 때는 look에 s가 붙어서 looks가 되거든요. 자 그럼, 이번에는 어떤 것이 어떻게 보인다는 말을 해 볼 차례예요. 아주 맛있어 보이는 음식을 봤을 때, "It looks delicious."라고 하면 돼요. 굉장히 쉬워 보이는 시험 문제를 봤을 때에는 "It looks easy."라고 하면 되지요. 여기서도 looks가 된다는 것 잘 알아두세요.

톡톡 튀는 단어

- **You look** ~ 너 ~해 보여
- **sick** [sik] 아픈
- **pretty** [príti] 예쁜
- **delicious** [diliʃəs] 맛있는

영어 표현 배우기

? 이렇게 보여요!

> ### You look ~ / It looks ~
> ### 너 ~ 해 보여 / 무엇이 ~해 보여
>
> 친구나 어떤 물건의 상태나 모습을 설명하고 싶을 때 영어로는 어떻게 표현하면 될까요? 여러 가지 상황을 상상해 보면서 영어로 직접 말해 봐요!

You look pretty.
예뻐 보여.

You look great.
멋져 보여.

You look bad.
안 좋아 보여.

She looks worried.
그녀는 걱정 있어 보여.

She looks different.
그 여자 달라 보여.

He looks old.
그는 나이 들어 보여.

- look [luk] 보다 / 보이다
- bad [bæd] 나쁜 / 안 좋은
- different [difərənt] 다른
- great [greit] 멋진 / 굉장한
- worried [wɔ́:rid] 걱정스러운
- old [ould] 나이 든

78 Magic 초등 영어회화

They look happy.
그 애들 행복해 보여.

They look young.
그 사람들 어려 보여.

They look angry.
그 애들 화나 보여.

It looks funny.
웃겨 보여.

It looks expensive.
비싸 보여.

It looks cheap.
값이 싸 보여.

It looks interesting.
재미있어 보여.

It looks boring.
지루해 보여.

It looks spicy.
매워 보여.

단어가 반짝반짝

- happy [hǽpi] 행복한
- angry [ǽŋgri] 화난
- expensive [ikspénsiv] 비싼
- interesting [íntərəstiŋ] 재미있는
- spicy [spáisi] 매운

- young [jʌ́ŋ] 젊은 / 어린
- funny [fʌ́ni] 웃긴
- cheap [tʃíːp] 싼
- boring [bɔ́ːriŋ] 지루한

꿈이 뭐니?

3개의 대화 장면이 있어요. 지금 다들 어떤 상황에서 무슨 말을 나누고 있는 걸 까요? 하나하나 살펴보면서 큰소리로 따라 해 봐요. 친구나 부모님과 함께 하면 더욱 재미있게 할 수 있어요. 준비~ 시작!

1

What do you want to be?
무엇이 되고 싶니?

I want to be the president.
나는 대통령이 되고 싶어.

That's great.
그거 굉장한데.

I'll study hard.
열심히 공부할 거야.

- want [wɔːnt] 원하다
- great [greit] 굉장한 / 대단한
- hard [hɑːrd] 열심히
- movie director 영화감독
- job [dʒɑb] 직업 / 일
- working [wə́ːrkiŋ] 일하고 있는

- president [prézədənt] 대통령
- study [stʌ́di] 공부하다
- dream [driːm] 꿈
- many [méni] 많은
- chef [ʃef] 요리사
- hotel [houtél] 호텔

What's your dream?
너의 꿈은 뭐니?

**My dream is to be
a movie director.**
나의 꿈은 영화감독이 되는 거야.

You should see many movies.
넌 영화를 많이 봐야겠구나.

That's right.
맞아.

What's her job?
그 여자의 직업은 뭐니?

She is a chef.
그녀는 요리사야.

Where is she working?
그 여자는 어디서 일하고 있니?

**She is working
at LOTTE Hotel.**
그녀는 롯데호텔에서 일해.

생활 영어 표현 배우기

? 직업 / 꿈

여러분은 커서 무엇이 되고 싶어요? 각자 마음속에 한두 가지의 꿈이 있을 거예요. 친구의 장래 희망을 묻고 싶을 때 어떻게 표현해야 하는지 배워서 영어로 직접 말해 봐요.

큰 소리로 말해 봐요.

What do you want to be?
무엇이 되고 싶니?

My dream is to be a movie director.
나의 꿈은 영화감독이 되는 거야.

I want to be a TV announcer.
텔레비전 아나운서가 되고 싶어.

My sister wants to be a dancer.
내 여동생은 무용가가 되고 싶어해.

He wants to be a baker.
그는 빵 만드는 사람이 되고 싶어해.

What's your dream?
너의 꿈은 뭐니?

쑥쑥 크는 단어장

want to be ~이[가] 되고 싶다

movie director 영화감독

TV announcer [ənáunsər]
텔레비전 아나운서

sister [sístər] 누나 / 언니 / 여동생

dancer [dǽnsər] 무용가

baker [béikər]
제빵사 / 빵을 만드는 사람

dream [dri:m] 꿈

What kind of job would you like?
어떤 종류의 직업을 좋아하니?

I would like to be a pilot.
비행기 조종사를 좋아해.
(비행기 조종사가 되고 싶어.)

My dream is to be a singer.
나의 꿈은 가수가 되는 거야.

What's her job?
그 여자의 직업은 뭐니?

She's a fashion designer.
그녀는 패션디자이너야.

Is she a nurse?
그녀는 간호사니?

No, she is a doctor.
아니, 그녀는 의사야.

쑥쑥 크는 단어장

job [dʒɑb] 직업 / 일

pilot [páilət] 비행기 조종사

singer [síŋər] 가수

fashion designer 패션디자이너
[fǽʃən dizáinər]

nurse [nəːrs] 간호사

doctor [dáktər] 의사

painter [péintər] 화가

writer [ráitər] 작가

reporter [ripɔ́ːrtər] 기자

Is he a painter?
그 남자는 화가니?

No, he is a writer.
아니, 그는 작가야.

Are you a reporter?
너는 기자니?

배운 것을 기억하고 있나요?

1. 다음 단어로 문장을 만들어 쓰고 말해 봐요.

(1) great, You, look (너 멋져 보여.) ➡

(2) different, looks, She (그 여자 달라 보여.)
   ➡ _____

(3) spicy, It, looks (매워 보여.) ➡ _____

★ ★ ★ (1) You look great. (2) She looks different. (3) It looks spicy.

2. 다음을 친구와 함께 말해 봐요. (서로 순서를 바꿔 말해 봐요.)

A They look happy.   그들은 행복해 보여.

B Because they won the game.   왜냐하면 그들은 게임에 이겼거든.

A Really? That's good.   정말? 그거 잘됐네.

A It looks expensive. How much is it?   비싸 보이네, 그거 얼마야?

B It's 5, 000 won.   5천 원이야.

A Yeah, right. It's expensive.   응, 그렇군. 비싸네.

톡톡 튀는 단어

- because [bikɔ́ːz] 왜냐하면
- really [ríːəli] 정말
- How much~? ~은[는] 얼마인가?
- yeah [jɛə] 응 / 그래 / 맞아(yes와 같은 말)
- won [wʌn] 이겼다(win의 과거형)
- That's [ðæts] 그것은 ~이다(That is의 줄임말)
- 5,000 won 5천 원
- right [rait] 옳은 / 맞은

1. 영어는 우리말로, 우리말은 영어로 고쳐 써 보고, 말해 봐요.

(1) What do you want to be?

➜ _____

(2) My dream is to be a movie director.

➜ _____

(3) 그 여자의 직업은 뭐니?

➜ _____

(4) 그는 작가야.

➜ _____

★★★ (1) 무엇이 되고 싶니? (2) 나의 꿈은 영화감독이 되는 거야. (3) What's her job? (4) He is a writer.

2. 영어 단어는 한국말로, 한국말은 영어 단어로 써 보고, 읽어 봐요.

(1) want _____   (2) president _____

(3) study _____   (4) hard _____

(5) dream _____   (6) 영화감독 _____

(7) 직업 / 일 _____   (8) 요리사 _____

(9) 호텔 _____   (10) 무용가 _____

★★★ (1) 원하다 (2) 대통령 (3) 공부하다 (4) 열심히 (5) 꿈 (6) movie director (7) job (8) chef (9) hotel (10) dancer

08 When did you cut your hair?

머리 언제 잘랐니?

　같이 영어 학원을 다니는 친구는 긴 생머리를 하고 있는데, 내 머리카락은 좀처럼 자라 줄 생각을 안 하네요. 빨리 머리가 자라서 예쁜 핀도 사고 머리띠도 하고 싶은데 말이죠. 그런데 이상한 점은, 그 친구는 머리를 자른 지 얼마 안 된 것 같은데 길다는 거지요. 도대체 그 친구가 언제 머리를 잘랐는지 궁금해서 물어보려고 해요. 이런 것을 묻고 싶을 때에는 "When did you cut your hair?"라고 하면 돼요. 언제 무엇을 했는지 물어볼 때에 When did you란 말을 쓰면 되거든요. "언제 잠을 잤니?"는 "When did you go to bed?"라고 하고, "언제 일어났니?"는 "When did you get up?"이라고 하면 돼요. 그러면 다른 친구가 언제 무엇을 했는지도 궁금하죠? 옆집 사는 여자애가 언제 학교에 갔는지 알고 싶을 땐, "When did she go to school?"이라 하고, 또 언제 나한테 전화했었는지 알고 싶으면, "When did she call me?"라고 물어보면 돼요. you를 she로 바꿔 말하기만 하면 되니까 어렵지 않죠?

톡톡튀는 단어

- **When did ~?** 언제 ~ 했니?
- **hair**[hɛər] 머리
- **cut**[kʌt] 자르다
- **go to bed** 자러 가다

? 언제 했어요?

When did you ~
너 언제 ~ 했니?

친구에게 무엇인가를 언제 했는지 묻고 싶을 때 영어로는 어떻게 표현하면 될까요? 여러 가지 상황을 상상해 보면서 영어로 직접 말해 봐요!

When did you cut your hair?
머리 언제 잘랐니?

When did you meet him?
그 남자애를 언제 만났니?

When did you eat breakfast?
아침 언제 먹었어?

When did you hear the news?
그 소식 언제 들었니?

When did she get up?
그 여자애 언제 일어났니?

When did she go to the store?
그 여자애 언제 가게에 갔니?

단어가 반짝반짝

- **when** [ʰwen] 언제
- **eat** [iːt] 먹다
- **hear** [hiər] 듣다
- **get up** 일어나다
- **did** 과거에 무엇을 했는지 물어볼 때 쓰는 조동사
- **breakfast** [brékfəst] 아침식사
- **news** [njuːz] 뉴스 / 소식
- **store** [stɔːr] 가게

When did he say that?
그 남자애가 언제 그걸 말했니?

When did he clean the room?
그 남자애가 언제 방을 청소했니?

When did he call you?
그 남자애가 언제 너한테 전화했어?

When did we go to the swimming pool?

When did we move here?
우리가 언제 여기로 이사 왔지?

When did we take the test?
우리가 언제 시험을 봤었지?

When did we go to the swimming pool?
우리가 언제 수영장에 갔었지?

When did they marry?
그들은 언제 결혼했어?

When did they go to school?
그 사람들이 언제 학교에 갔니?

When did they buy the puppy?
그 애들이 언제 강아지를 샀니?

When did they marry?

단어가 반짝반짝

- say [sei] 말하다
- clean [kli:n] 청소하다
- move [mu:v] 이사하다 / 움직이다
- swimming pool [swímiŋ pú:l] 수영장
- puppy [pápi] 강아지
- that [ðæt] 그것
- call [kɔ:l] 전화하다
- take the test 시험보다
- marry [mǽri] 결혼하다

취미가 뭐니?

3개의 대화 장면이 있어요. 지금 다들 어떤 상황에서 무슨 말을 나누고 있는 걸까요? 하나하나 살펴보면서 큰소리로 따라 해 봐요. 친구나 부모님과 함께 하면 더욱 재미있게 할 수 있어요. 준비~ 시작!

1

What's your hobby?
취미가 뭐니?

Reading books.
책 읽는 거야.

What's your favorite book?
제일 좋아하는 책이 뭐니?

It's *Harry Potter*.
해리포터야.

단어가 반짝반짝

- hobby [hábi] 취미
- favorite [féivərit] 제일 좋아하는
- free time [frí: táim] 자유 시간
- Internet [íntərnèt] 인터넷
- enjoy [indʒɔ́i] 즐기다
- all [ɔ:l] 모두
- TV animations [æ̀nəméiʃənz] 텔레비전 만화영화

- reading [rí:diŋ] 읽는 것
- book [buk] 책
- surfing [sə́:rfiŋ] 검색하는 것
- homepage [hóumpèidʒ] 홈페이지
- program [próugræm] 프로그램

What do you do in your free time?
자유 시간에 뭘 하니?

I surf the Internet.
인터넷에서 검색을 해.

Do you have your own homepage?
홈페이지를 가지고 있니?

Yes, I do.
응, 가지고 있어.

Do you enjoy quiz shows?
퀴즈쇼를 즐기니?

No, I don't.
아니, 즐기지 않아.

What's your favorite program?
제일 좋아하는 프로그램이 뭐니?

I like all TV animations.
텔레비전 만화영화는 다 좋아해.

생활 영어 표현 배우기

? 취미

> 자유 시간에 제일 하고 싶은 것이 뭐예요? 무엇을 하면 가장 신나고 재미있나요? 자신의 취미가 무엇인지를 친구에게 말하는 표현들을 배워서 영어로 직접 말해 봐요.

큰 소리로 말해 봐요.

What's your hobby?
취미가 뭐니?

Reading books.
책 읽는 거야.

I enjoy reading comic books.
나는 만화책 읽는 것을 즐겨.

Do you like watching TV?
텔레비전 보는 거 좋아하니?

Of course, I do.
물론이야. 좋아해.

I like all TV animations.
나는 텔레비전 만화영화는 다 좋아해.

쑥쑥 크는 단어장

hobby [hábi] 취미

enjoy [indʒɔ́i] 즐기다

comic book [kámik búk]
만화책

watching [wátʃiŋ] 보는 것

animation [æ̀nəméiʃən] 만화영화

What do you do in your free time?
자유 시간에는 뭘 하니?

I play computer games.
컴퓨터 게임을 해.

What are you doing on the Internet?
인터넷에서는 뭘 하고 있니?

I am surfing.
검색하고 있어.

Are you interested in music?
음악에 관심이 있니?

Yes, I like Korean pop music.
나는 한국 대중음악을 좋아해.

Do you enjoy playing the piano?
피아노 연주를 즐기니?

No, I enjoy playing the violin.
아니, 난 바이올린 연주를 즐겨.

I like drawing.
그림 그리는 거 좋아해.

I will draw flowers.
꽃 그림을 그릴 거야.

쑥쑥 크는 단어장

computer game
컴퓨터게임

surfing [sə́ːrfiŋ] 검색하는 것

interested [íntərəstid] 관심 있는

music [mjúːzik] 음악

Korean pop music 한국 대중음악

playing [pleiŋ]
연주하는 것 / 게임 하는 것

piano [piǽnou] 피아노

violin [vàiəlín] 바이올린

draw [drɔː] 그림 그리다

flower [fláuər] 꽃

배운 것을 기억하고 있나요?

1. 다음 단어로 문장을 만들어 쓰고 말해 봐요.

(1) eat, did, When, you, breakfast (아침 언제 먹었어?)

➔ _____

(2) get, When, up, she, did (그 여자애 언제 일어났니?)

➔ _____

(3) move, did, we, When, here (우리가 언제 여기로 이사 왔지?)

➔ _____

★★★ (1) When did you eat breakfast? (2) When did she get up? (3) When did we move here?

2. 다음을 친구와 함께 말해 봐요. (서로 순서를 바꿔 말해 봐요.)

A Did you do your homework?   숙제 했니?

B Of course.   물론이지.

A When did you do it?   언제 그것을 했니?

A Where is she?   그 여자애 어디 있니?

B She went to school.   그 애는 학교에 갔어.

A When did she go to school?   언제 학교에 갔니?

톡톡 튀는 단어

- do [du:] 하다
- Of course. 물론이지.
- went [went] 갔다(go의 과거형)
- homework [hóumwə̀ːrk] 숙제
- where [hwɛər] 어디에
- school [skuːl] 학교

1. 영어는 우리말로, 우리말은 영어로 고쳐 써 보고, 말해 봐요.

(1) What's your hobby?

→ _____

(2) What do you do in your free time?

→ _____

(3) 제일 좋아하는 프로그램이 뭐니?

→ _____

(4) 텔레비전 만화영화는 다 좋아해.

→ _____

★★★ (1) 취미가 뭐니? (2) 자유 시간에 뭘 하니? (3) What's your favorite program? (4) I like all TV animations.

2. 영어 단어는 한국말로, 한국말은 영어 단어로 써 보고, 읽어 봐요.

(1) hobby _____   (2) favorite _____

(3) free time _____   (4) surf _____

(5) enjoy _____   (6) 만화영화 _____

(7) 만화책 _____   (8) 관심 있는 _____

(9) 그림 그리다 _____   (10) 꽃 _____

★★★ (1) 취미 (2) 제일 좋아하는 (3) 자유 시간 (4) 검색하다 (5) 즐기다
(6) animation (7) comic book (8) interested (9) draw (10) flower

09 Have you ever bought an avatar?

아바타 사 본 적 있니?

　쉬는 시간에 반 친구들이 모여서 아바타 얘기를 하고 있네요. 모두 신이 나서 자신이 가지고 있는 아바타에 대해 얘기를 하고 있는데, 한 친구만 아무 말도 않고 있길래 물어봤죠. "Have you ever bought an avatar?", "너 아바타 사 본 적 있니?"라고요. '사다'는 buy인데 사 본 적 있는지 물어볼 때는 buy가 bought로 바뀐답니다. 이렇게 무엇을 해 본 적 있는지 물어볼 때는 원래의 단어 모양이 조금씩 변해요. 그리고 그 변해버린 단어 앞에 Have you ever를 붙여서 물어보면 돼요. "너 비행기 타 본 적 있니?"를 영어로는 "Have you ever taken an airplane?"이라고 해요. 타다의 take가 taken으로 변한 것 보이죠? "너 캐리비안베이 가 본 적 있니?"는 "Have you ever been to Caribbean Bay?"라고 하면 돼요. 여기서 been은 바로 be가 변한 거랍니다. 새로운 무언가를 해본다는 것은 소중한 경험이니 만큼 쉽지 않겠죠? 영어도 마찬가지로 단어의 모양들이 조금씩 변한답니다. (단, 가끔씩 변하지 않는 단어도 있어요.) 이렇게 변하거나 변하지 않는 단어의 모습을 꼭 기억해 둬요. 더 자세한 것은 중학교에 가면 배우게 될 거예요.

톡톡 튀는 단어 ～～～～～～～～～～～～～～～～～

- Have you ever ~ ? 너 ~한 적 있니?
- bought [bɔːt] 샀다 (buy의 과거분사형)
- taken [téikən] 탔다 (take의 과거분사형)
- been [bin] 있다 (be의 과거분사형)

영어 표현 배우기

  해 본 적 있어요?

Have you ever ~ ?
너 ~ 한 적 있니?

친구에게 무엇인가를 해 본 적이 있는지를 묻고 싶을 때 영어로는 어떻게 표현하면 될까요? 여러 가지 상황을 상상해 보면서 영어로 직접 말해 봐요!

 Have you ever bought an avatar?
아바타 사 본 적 있니?

Have you ever heard about this?
이것에 대해 들어 본 적 있니?

Have you ever been to Busan?
부산에 가 본 적 있어?

Have you ever seen a snake?

 Have you ever eaten pasta?
파스타 먹어 본 적 있니?

Have you ever read *Full House*?
풀하우스 읽어 본 적 있어?

Have you ever seen a snake?
뱀 본 적 있니?

 **단어가 반짝반짝**

- ever [évər] 언젠가
- eaten [íːtn] 먹었다 (eat의 과거분사형)
- read [red] 읽었다 (read [riːd]의 과거분사형, 스펠링은 현재형과 같고 발음만 틀려요.)
- seen [siːn] 보았다 (see의 과거분사형)
- heard [həːrd] 들었다 (hear의 과거분사형)
- pasta [páːstə] 파스타
- snake [sneik] 뱀

Have you ever taken an airplane?
너 비행기 타 본 적 있니?

Have you ever worn red shoes?
빨간색 신발 신어 본 적 있니?

Have you ever been to a PC room?
피씨방 가 본 적 있니?

Have you ever worn red shoes?

 Have you ever been to Caribbean Bay?
너 캐리비안베이 가 본 적 있니?

Have you ever seen the president?
대통령 본 적 있니?

Have you ever decorated a Christmas tree?
크리스마스트리 만들어 본 적 있니?

 Have you ever seen a big fire?
큰 불난 것 본 적 있니?

Have you ever seen a magic show?
마술쇼 본 적 있니?

Have you ever caught a fish?
물고기 잡아 본 적 있니?

Have you ever caught a fish?

- taken an airplane 비행기를 탔다
- worn [wɔːrn] 입었다(wear의 과거분사형)   · PC room 피씨방
- president [prézədənt] 대통령   · Christmas tree 크리스마스트리
- big fire [bíg fáiər] 큰 불   · magic show 마술쇼
- caught [kɔːt] 잡았다(catch의 과거분사형)   · fish [fiʃ] 물고기

Magic 초등 영어회화 **99**

알콩달콩 생활 회화

? 운동 좋아하니?

3개의 대화 장면이 있어요. 지금 다들 어떤 상황에서 무슨 말을 나누고 있는 걸까요? 하나하나 살펴보면서 큰소리로 따라 해 봐요. 친구나 부모님과 함께 하면 더욱 재미있게 할 수 있어요. 준비~ 시작!

1

What sports do you like?
무슨 운동을 좋아하니?

I like baseball.
야구를 좋아해.

Let's go out to play baseball.
우리 밖에 나가서 야구하자.

Good idea.
좋은 생각이야.

단어가
반짝반짝

- sport [spɔːrt] 운동
- go out [góu áut] 밖에 나가다
- idea [aidíːə] 생각
- exercise [éksərsàiz] 운동하다
- often [ɔ́ːfən] 자주
- running [rʌ́niŋ] 달리기
- boring [bɔ́ːriŋ] 지루한

- Let's [lets] ~하자
- baseball [béisbɔ̀ːl] 야구
- healthy [hélθi] 건강한
- a lot [ə lát] 많이
- every day [évri dèi] 매일
- walking [wɔ́ːkiŋ] 걷기

You look very healthy.
굉장히 건강해 보여.

I exercise a lot.
난 운동을 많이 해.

How often do you exercise?
얼마나 자주 운동하니?

I exercise every day.
매일 운동해.

Do you enjoy running?
달리는 거 즐기니?

No, I don't. I enjoy walking.
아니, 그렇지 않아. 나는 걷는 걸 좋아해.

Isn't it boring?
지루하지 않니?

Walking is a very nice exercise.
걷는 건 아주 멋진 운동이야.

생활 영어 표현 배우기

? 운동

여러분은 어떤 운동을 좋아하나요? 달리기, 야구, 축구, 요가, 테니스 등 평소에 관심 있는 운동에 대해 친구에게 말하는 표현들을 배워서 영어로 직접 말해 봐요.

What sports do you like?
무슨 운동을 좋아하니?

I like swimming.
난 수영을 좋아해.

What's your favorite sport?
제일 좋아하는 운동은 뭐니?

I like tennis.
나는 테니스를 좋아해.

You look very healthy.
너 아주 건강해 보여.

I exercise every day.
난 매일 운동해.

쑥쑥 크는 단어장

sport [spɔːrt] 운동

swimming [swímiŋ] 수영

tennis [ténis] 테니스

healthy [hélθi] 건강한

exercise [éksərsàiz]
운동 / 운동하다

I take basketball lessons every day.
난 농구 수업을 매일 받아.

Do you enjoy running?
달리기 즐기니?

I like yoga.
난 요가를 좋아해.

I enjoy walking.
난 걷기를 즐겨.

Shall we play baseball?
우리 야구할까?

I won the game.
게임에 이겼어.

I lost the game.
게임에 졌어.

Let's go out to play soccer.
나가서 축구하자.

쑥쑥 크는 단어장

basketball [bǽskitbɔ̀ːl] 농구

lesson [lesn] 수업

yoga [jóugə] 요가

won [wʌn] 이겼다(win의 과거형)

lost [lɔːst] 졌다(lose의 과거형)

soccer [sákər] 축구

is good at ~에 재능이 있다

I like watching soccer games.
난 축구게임 보는 걸 좋아해.

He is good at soccer.
그 애는 축구에 소질이 있어.

1. 다음 단어로 문장을 만들어 쓰고 말해 봐요.

(1) read, Have, ever, you, *Full House* (너 풀하우스 읽어 본 적 있니?)

➜ _____

(2) seen, the, president, Have, ever, you (대통령 본 적 있니?)

➜ _____

(3) seen, ever, you, Have, snake, a (너 뱀 본 적 있니?)

➜ _____

★★★　(1) Have you ever read *Full House*?　(2) Have you ever seen the president?

(3) Have you ever seen a snake?

2. 다음을 친구와 함께 말해 봐요. (서로 순서를 바꿔 말해 봐요.)

A　Have you ever been to World Cup Stadium.　월드컵경기장에 가 본 적 있니?

B　Yes, I have been there twice. Have you?　응, 거기에 두 번 간 적 있어.
　　　　　　　　　　　　　　　　　　　　너는 가 봤니?

A　Yes, I've been there many times.　응, 나는 거기에 여러 번 갔어.

A　Have you ever ridden a roller coaster?　롤러코스터 타 본 적 있니?

B　No, I have not. Have you?　아니, 안 타 봤어. 너는 타 봤니?

A　No, I haven't one. I want to ride one.　아니, 안 타 봤어. 한 번 타 보고 싶어.

톡톡 튀는 단어

- there[ðɛər] 거기에
- twice[twais] 두 번 / 2회
- Have you?　상대방이 한 질문을 똑같이 되받아 할 때 쓰는 줄임말이에요.
- many times[méni táimz] 여러 번
- want[wɔːnt] 원하다 / 하고 싶다
- I have not.　본래 문장은 'I have not ridden a roller coaster.'이에요.
- one[wʌn] 한 번

1. 영어는 우리말로, 우리말은 영어로 고쳐 써 보고, 말해 봐요.

(1) What sports do you like?

➡ _____

(2) You look very healthy.

➡ _____

(3) 매일 운동해.

➡ _____

(4) 우리 야구할까?

➡ _____

★★★ (1) 무슨 운동을 좋아하니? (2) 아주 건강해 보여. (3) I exercise every day. (4) Shall we play baseball?

2. 영어 단어는 한국말로, 한국말은 영어 단어로 써 보고, 읽어 봐요.

(1) sport _____ (2) go out _____

(3) baseball _____ (4) idea _____

(5) healthy _____ (6) 운동 / 운동하다 _____

(7) 자주 _____ (8) 매일 _____

(9) 지루한 _____ (10) 수업 _____

★★★ (1) 운동 (2) 밖에 나가다 (3) 야구 (4) 생각 (5) 건강한 (6) exercise
(7) often (8) every day (9) boring (10) lesson

10 I'm hungry.
배고파.

　내 기분이 어떤지, 내 상태가 어떤지 말하고 싶을 때에는 어떻게 할까요? 우리말로 '나는~이에요', '나는~해요'라고 하고, 영어로 I'm~을 쓰면 된답니다. 엄마에게 "배고파요."라고 말해야 밥을 주시겠죠? 이때 "I'm hungry."라고 말해 봐요. 또 친구를 칭찬해 주고 싶을 때는 You're~을 써서 "너 똑똑하구나." 는 "You're smart."라 하고, "너는 친절해."는 "You're kind."라고 한답니다. 가끔은 뒤에서 친구 흉을 보기도 하죠? 게으른 여자친구에 대해서 "그 애는 게을러."라고 말할 때 "She's lazy."라고 친구들끼리 얘기할 수 있어요. 우리도 보통 말할 때 '난', '넌', '걘'이라고 줄여서 자주 쓰죠? '나는', '너는', '그 애는'이라고는 잘 안 하는 것과 마찬가지로 영어도 I am~보다는 I'm~으로, You are~보다는 You're~라고 줄여서 쓴답니다. 자, 이제 기분이나 상태에 대해서 말할 준비가 되었나요? 이럴 때는 "나 준비됐어."는 뜻의 "I'm ready."라고 대답하면 된답니다. 아주 많이 쓰는 표현이니까 알아두면 다양하게 말할 수 있어 영어 실력이 쑥쑥 자랄 거예요.

톡톡 튀는 단어

- **I'm**　~ 나는 ~이다 / 나는 ~하다
- **smart** [smɑːrt] 똑똑한
- **hungry** [hʌ́ŋgri] 배고픈
- **kind** [kaind] 친절한

영어 표현 배우기

? 나는 이런 상태예요.

> ## I'm ~
> ### 나는 ~이야 / 나는 ~해
>
> 내 기분이 어떤지, 내 상태가 어떤지 말하고 싶을 때 영어로는 어떻게 표현하면 될까요? 여러 가지 상황을 상상해 보면서 영어로 직접 말해 봐요!

I'm hungry.
배고파.

I'm sleepy.
졸려.

I'm ready.
준비됐어.

You're smart.
너는 똑똑해.

You're slim.
너는 날씬해.

She's angry.
그 여자애 화났어.

단어가 반짝반짝

- I'm ~ 나는 ~이다 / 나는 ~하다 (I am의 줄임말)
- sleepy [slíːpi] 졸린
- smart [smɑːrt] 똑똑한
- She's 그 여자애는 ~이다(She is의 줄임말)
- hungry [hʌ́ŋgri] 배고픈
- ready [rédi] 준비된
- slim [slim] 날씬한
- angry [ǽŋgri] 화가 난

3 He's kind.
그 남자애는 친절해.

He's rich.
그 남자는 부자야.

He's lazy.
그 남자애는 게을러.

4 It's interesting.
그거 재미있어.

It's boring.
그거 지겨워.

It's ugly.
그거 못생겼어.

5 They're shocked.
그 애들은 충격 받았어.

Kate is worried.
케이트는 걱정해.

The movie is exciting.
그 영화 흥미진진해.

**단어가
반짝반짝**

- rich [ritʃ] 부자인
- interesting [íntərəstiŋ] 재미있는
- ugly [ʌ́gli] 못생긴
- worried [wə́:rid] 걱정되는
- They're 그 애들은 ～이다 / 그 애들은 ～하다(They are의 줄임말)

- lazy [léizi] 게으른
- boring [bɔ́:riŋ] 지루한 / 지겨운
- shocked [ʃakt] 충격적인
- exciting [iksáitiŋ] 흥미로운

알콩달콩 생활 회화

? 뭐가 맛있니?(1)

3개의 대화 장면이 있어요. 지금 다들 어떤 상황에서 무슨 말을 나누고 있는 걸까요? 하나하나 살펴보면서 큰소리로 따라 해 봐요. 친구나 부모님과 함께 하면 더욱 재미있게 할 수 있어요. 준비~ 시작!

1

Do you like pizza?
피자 좋아하니?

**Of course,
I like Italian food.**
물론이야. 나는 이탈리아 음식을 좋아해.

Me, too.
나도 그래.

**Shall we go to an
Italian restaurant?**
우리 이탈리아 음식점에 갈까?

단어가 반짝반짝

- pizza [píːtsə] 피자
- too [tuː] 또 / 역시
- breakfast [brékfəst] 아침식사
- bread [bred] 빵
- usually [júːʒuəli] 보통
- order [ɔ́ːrdər] 주문 / 주문하다
- Chinese food [tʃainíːz fúːd] 중국음식
- Italian food [itǽljən fúːd] 이탈리아음식
- restaurant [réstərənt] 음식점
- cereal [síəriəl] 곡물식품
- milk [milk] 우유
- sometimes [sʌ́mtàimz] 가끔
- menu [ménjuː] 메뉴

110 Magic 초등 영어회화

What do you eat for breakfast?
아침으로 뭘 먹니?

I eat cereal.
곡물식품을 먹어.

I usually have bread and milk.
난 보통 빵과 우유를 먹어.

Sometimes I do, too.
가끔 나도 그걸 먹어.

May I take your order?
주문하시겠어요?

May I see the menu?
메뉴 좀 주시겠어요?

Here you are.
여기 있어요.

I want to eat Chinese food.
중국요리를 먹고 싶어요.

? 음식(1)

여러분은 어떤 음식을 좋아하나요? 자장면, 피자, 스파게티, 김치볶음밥 등 평소에 관심 있는 음식에 대해 친구에게 말하는 표현들을 배워서 영어로 직접 말해 봐요.

What's your favorite food?
무슨 음식을 제일 좋아하니?

I like any kind of spicy food.
매운 음식을 좋아해.

What do you eat for breakfast?
아침으로 뭘 먹니?

I have rice and hot soup.
밥이랑 뜨거운 국을 먹어.

What's for dinner?
저녁식사는 뭐니?

Beef-rib soup.
갈비탕이야.

쑥쑥 크는 단어장

food[fuːd] 음식

spicy[spáisi] 매운

rice[rais] 쌀밥

hot soup[hát súːp] 뜨거운 국

dinner[dínər] 저녁식사

beef-rib soup 갈비탕

Do you like kimchi?
김치 좋아하니?

I can't live without it.
난 그것 없이는 못살아.

This is my favorite food.
이게 내가 제일 좋아하는 음식이야.

May I take your order?
주문하시겠어요?

Combination pizza, please.
컴비네이션 피자요.

What size do you want?
어떤 크기를 원해요?

Large, please.
큰 사이즈요.

쑥쑥 크는 단어장

kimchi [kímtʃi] 김치

without [wiðáut] ~없이

combination pizza
컴비네이션 피자

size [saiz] 크기

large [lɑːrdʒ] 큰

more [mɔːr] 좀 더

Could I have some more bread?
빵을 좀 더 먹어도 될까요?

Do you want it for here or to go?
여기서 드실 거예요, 가지고 가실 거예요?

To go, please.
가지고 갈 거예요.

1. 다음 단어로 문장을 만들어 쓰고 말해 봐요.

(1) sleepy, I'm (졸려.) ➡ _____

(2) angry, She's (그 여자애 화났어.) ➡ _____

(3) boring, It's (그거 지루해.) ➡ _____

★★★ (1) I'm sleepy. (2) She's angry. (3) It's boring.

2. 다음을 친구와 함께 말해 봐요. (서로 순서를 바꿔 말해 봐요.)

A Did you read this book?   이 책 읽었니?

B Yes. It's interesting.   응. 재미있어.

A I want to read it.   나도 그거 읽고 싶어.

A Let's start the game.   게임 시작하자.

B OK. I'm ready.   좋아. 난 준비됐어.

A Here we go.   하자.

톡톡 튀는 단어

- **did** [did] 과거의 사실을 물을 때 쓰는 조동사(do의 과거형)
- **read** [riːd] 읽다
- **want** [wɔːnt] 원하다 / 하고 싶다
- **start** [staːrt] 시작하다
- **ready** [rédi] 준비된
- **interesting** [íntərəstiŋ] 재미있는
- **Let's** [lets] ~하자(Let us의 줄임말)
- **OK** 좋아(okay의 줄임말)

1. 영어는 우리말로, 우리말은 영어로 고쳐 써 보고, 말해 봐요.

(1) What do you eat for breakfast?

→ _____

(2) May I take your order?

→ _____

(3) 무슨 음식을 제일 좋아하니?

→ _____

(4) 빵을 좀 더 먹어도 될까요?

→ _____

★★★　(1) 아침으로 뭘 먹니?　(2) 주문하시겠어요?　(3) What's your favorite food?
(4) Could I have some more bread?

2. 영어 단어는 한국말로, 한국말은 영어 단어로 써 보고, 읽어 봐요.

(1) too _____ (2) restaurant _____

(3) breakfast _____ (4) cereal _____

(5) bread _____ (6) 우유 _____

(7) 보통 _____ (8) 가끔 _____

(9) 주문 / 주문하다 _____ (10) 메뉴 _____

★★★　(1) 또 / 역시　(2) 음식점　(3) 아침식사　(4) 곡물식품　(5) 빵　(6) milk　(7) usually
(8) sometimes　(9) order　(10) menu

11 I like Eric.
나는 에릭을 좋아해.

누가 여러분에게 "음식은 뭘 좋아하니?", 또는 "운동은 어떤 걸 좋아해?"라고 질문한다면 뭐라고 대답하겠어요? "나는 스파게티를 좋아해.", "나는 야구를 좋아해." 등으로 말하겠죠? 이런 말은 영어로 뭐라고 할까요? 아주 간단하답니다. 'I like~' 뒤에 좋아하는 것을 붙이면 돼요. 따라서 "I like spaghetti."나 "I like baseball."이라고 말하면 돼요. 또, '나는~하는 걸 좋아해'라고 말할 수도 있어요. 이럴 경우에는 'I like to~' 뒤에 좋아하는 행동을 붙이면 돼요. 춤추는 걸 좋아한다고요? 그럼 "I like to dance."라고 말해 봐요. 그리고 한 가지 잊지 말아야 할 것이 있어요. 어떤 남자애나 여자애가 좋아하는 걸 말할 때는 like 뒤에 꼭 -s를 붙여야 돼요. 예를 들어 "그 여자애는 고양이를 좋아해."는 "She likes cats."라고 해야 하고, "그 남자애는 책 읽는 것을 좋아해."는 "He likes to read books."라고 해야 맞는 표현이에요. 주어에 따라서 동사가 변하는 것을 꼭 기억해 두어야 한답니다. 자, 이제 내가 좋아하는 음식, 좋아하는 사람, 좋아하는 일 등을 친구들에게 말해 볼까요?

톡톡튀는 단어

- **I like~** 나는 ~을 좋아해
- **dance** [dæns] 춤추다
- **baseball** [béisbɔ̀:l] 야구
- **read** [ri:d] 읽다

영어 표현 배우기

 ? 나는 좋아해요.

I like ~ / I like to + 동사
나는 ~을 좋아해 / 나는 ~하기를 좋아해

무엇을 좋아하는지, 또는 무엇을 하고 싶은지 말할 때 영어로는 어떻게
표현하면 될까요? 여러 가지 상황을 상상해 보면서 영어로 직접 말해 봐요!

I like Eric.
나는 에릭을 좋아해.

I like horror movies.
나는 공포영화를 좋아해.

I like to dance.
나는 춤추는 걸 좋아해.

MEOW~ MEOW~

I like cats.

She likes puppies.
그 여자애는 강아지를 좋아해.

She likes to go shopping.
그 여자애는 쇼핑가는 걸 좋아해.

He likes soccer.
그 남자애는 축구를 좋아해.

 단어가 반짝반짝

- I like ~ 나는 ~을 좋아하다
- horror movies [hɔ́:rər múːviz] 공포영화(movie의 복수형)
- dance [dæns] 춤추다
- go shopping 쇼핑하러 가다
- puppies [pʌ́piz] 강아지(puppy의 복수형)
- soccer [sákər] 축구

They like vegetables.
그 애들은 야채를 좋아해.

They like to go swimming.
그 애들은 수영하러 가는 걸 좋아해.

They like to travel abroad.
그 애들은 해외로 여행가는 걸 좋아해.

 We like Christmas.
우리는 크리스마스를 좋아해.

We like orange juice.
우리는 오렌지 주스를 좋아해.

We like to watch TV.
우리는 텔레비전 보는 걸 좋아해.

 My mom likes Mozart.
우리 엄마는 모짜르트를 좋아해.

Alice likes winter.
앨리스는 겨울을 좋아해.

The doctor likes to read books.
그 의사는 책 읽는 것을 좋아해.

I like to read books.

- vegetables   야채(vegetable의 복수형)
- travel [trǽvəl] 여행
- Christmas [krísməs] 크리스마스
- watch [wɑtʃ] 보다
- winter [wíntər] 겨울
- swimming [swímiŋ] 수영
- abroad [əbrɔ́ːd] 해외로
- orange juice [ɔ́ːrindʒ dʒúːs] 오렌지 주스
- Mozart [móutsɑːrt] 모짜르트(음악가 이름)
- doctor [dɑ́ktər] 의사

? 뭐 먹고싶니?(2)

3개의 대화 장면이 있어요. 지금 다들 어떤 상황에서 무슨 말을 나누고 있는 걸까요? 하나하나 살펴보면서 큰소리로 따라 해 봐요. 친구나 부모님과 함께 하면 더욱 재미있게 할 수 있어요. 준비~ 시작!

1

Let's go out for dinner.
저녁식사 외식하자.

That's cool.
그거 좋지.

What would you like to eat?
뭐 먹고 싶니?

I would like to go to a nice restaurant.
난 근사한 식당에 가고 싶어.

- go out[góu áut] 밖에 나가다
- cool[ku:l] 멋진 / 근사한
- nice[nais] 좋은
- some more[səm mɔ́:r] 좀 더
- baking[béikiŋ] 굽고 있는
- smell[smel] 냄새 나다 / 냄새 맡다
- taste[teist] 맛보다 / ~한 맛이 나다

- dinner[dínər] 저녁식사
- would like[wəd làik] ~하고 싶다
- cake[keik] 케이크
- full[ful] 배부른 / 꽉 찬
- cookie[kúki] 쿠키
- try[trai] 해 보다 / 노력하다

Do you want to have some cake?
케이크 좀 먹고 싶니?

Yes, please.
응, 부탁해.

Do you want to have some more?
좀 더 먹을래?

No, I'm full.
아니, 배불러.

I am baking cookies now.
지금 쿠키를 굽고 있어.

They smell good.
냄새 좋은데.

Try some.
좀 먹어 봐.

Taste good, too.
맛도 좋네.

생활 영어 표현 배우기

음식(2)

여러분은 어떤 음식을 먹고 싶나요? 아이스크림, 케이크, 바비큐, 떡볶이 등 평소에 먹고 싶던 음식에 대해 친구에게 말하는 표현들을 배워서 영어로 직접 말해 봐요.

큰 소리로 말해 봐요.

What would you like to eat?
뭐 먹고 싶니?

I would like to go to a nice restaurant.
난 근사한 식당에 가고 싶어.

I feel like some snacks.
스낵 좀 먹고 싶어.

Let's go out for dinner.
저녁식사 외식하자.

What kind of food do you like?
어떤 종류의 음식이 좋아?

How about barbecue?
바비큐 어때?

쑥쑥 크는 단어장

nice restaurant 근사한 식당

snack [snæk] 과자

dinner [dínər] 저녁식사

kind [kaind] 종류

How about [háu əbáut] ~
~은[는] 어때

barbecue [báːrbikjúː] 바비큐

122 Magic 초등 영어회화

Would you like chicken salad or ham salad?
치킨샐러드 먹을래, 햄샐러드 먹을래?

Chicken salad, please.
치킨샐러드요.

What about some ice cream?
아이스크림 좀 먹는 것 어때?

Do you want to have some cake?
케이크 좀 먹고 싶니?

Do you want to have some more?
좀 더 먹고 싶니?

No, I'm full.
아니, 배불러.

Which fruits do you like best?
어떤 과일이 제일 좋아?

I like melons best.
메론이 제일 좋아.

It smells good.
냄새 좋다.

It tastes good.
맛이 좋다.

쑥쑥 크는 단어장

chicken [tʃíkin] 치킨 / 닭

salad [sæləd] 샐러드

ham [hæm] 햄

What about ~ ~은[는] 어때

Ice cream [áis kríːm] 아이스크림

fruit [fruːt] 과일

best [best] 가장 좋은 / 제일

melon [mélən] 메론

1. 다음 단어로 문장을 만들어 쓰고 말해 봐요.

(1) horror, I, like, movies (나는 공포영화를 좋아해.)

➡ _____

(2) go, to, She, shopping, likes (그 여자애는 쇼핑가는 걸 좋아해.)

➡ _____

(3) vegetables, like, They (그 애들은 야채를 좋아해.)

➡ _____

★★★　(1) I like horror movies.　(2) She likes to go shopping.　(3) They like vegetables.

2. 다음을 친구와 함께 말해 봐요. (서로 순서를 바꿔 말해 봐요.)

A Do you like cats?　　　　　　고양이를 좋아하니?

B No. I like dogs.　　　　　　아니. 나는 개를 좋아해.

A Really? Why?　　　　　　　정말? 왜?

A I like to take walks.　　　　난 산책하는 걸 좋아해.

B Then, Let's go to the park.　　그러면, 공원에 가자.

A That's nice.　　　　　　　그거 좋지.

톡톡 튀는 단어 ～～～～～～～～～

- Do you like~? 너는 ~을 좋아하니?
- No. 아니.(상대방의 말을 부정할 때 하는 간단한 표현, 여기에서 전체 문장은 "No, I don't like cats.")
- Really? [rí:əli] 정말?(상대방이 한 말을 확인할 때 쓰는 말)
- Why? [ʜwai] 왜?(상대방에게 궁금한 것을 물어볼 때 쓰는 표현)
- take walks [téik wɔ́:ks] 산책하다　　• then [ðen] 그러면

1. 영어는 우리말로, 우리말은 영어로 고쳐 써 보고, 말해 봐요.

(1) What would you like to eat?

➜ _____

(2) Do you want to have some more?

➜ _____

(3) 냄새 좋은데.

➜ _____

(4) 어떤 종류의 음식이 좋아?

➜ _____

★★★　(1) 뭐 먹고 싶니?　(2) 좀 더 먹을래?　(3) It smells good. / They smell good.
(4) What kind of food do you like?

2. 영어 단어는 한국말로, 한국말은 영어 단어로 써 보고, 읽어 봐요.

(1) 밖에 나가다 _____   (2) ~하고 싶다 _____

(3) 근사한 _____   (4) 좀 더 _____

(5) 냄새 나다 / 냄새 맡다 _____

(6) try _____   (7) taste _____

(8) snack _____   (9) kind _____

(10) fruit _____

★★★　(1) go out　(2) would like　(3) nice　(4) some more　(5) smell　(6) 시도하다 / 노력하다
(7) 맛보다 / ~한 맛이 나다　(8) 과자　(9) 종류　(10) 과일

12 I'm having dinner.
나는 저녁 먹고 있어.

친구에게 전화해서 제일 먼저 물어보는 게 뭐죠? 지금 뭘 하고 있었느냐는 질문이겠죠? 대답은 "저녁 먹는 중이야.", 아니면 "너 게임하고 있어." 등이 될 거예요. 이럴 때 쓰는 특별한 표현이 있으니 잘 알아 두세요. 먼저 '난 어떻다'는 말을 할 때 배웠던 I'm~을 떠올려 봐요. 그 표현 다음에 지금 하고 있는 행동을 나타내는 말을 붙이면 된답니다. 그런데 이때 중요한 점은 하고 있는 행동을 나타내는 동사에 '-ing'를 붙인다는 것이에요. 그러면 말을 하고 있는 지금, 그 행동을 하고 있는 중이라는 뜻을 나타내게 되는 거예요. 이런 문장을 '현재진행형'이라고 해요. 조금 어려운 표현이지만 생활하면서 많이 쓰게 되므로 꼭 알아 둬요. 만약 친구에게 전화가 왔을 때 저녁을 먹고 있는 중이었다면 "I'm having dinner."이라고 하고, 또 게임을 하고 있는 중이었다면 "I'm playing games."라고 하는 거예요. 그러면 다른 친구들이 무엇을 하고 있는지를 표현할 때에는 어떻게 하면 될까요? "그 여자애는 숙제를 하고 있어."는 "She's doing her homework."라고 하면 돼요. 여러분! 지금 뭘 하고 있죠? 물론 모두들 열심히 영어 공부하고 있는 거 맞죠? 그럼 큰 소리로 "I'm studying English."라고 말해 봐요.

톡톡 튀는 단어

- **having** [hǽviŋ] 먹고 있는 (have의 진행형)
- **doing** [dúːiŋ] 하고 있는 (do의 진행형)
- **playing** [pléiiŋ] 놀고 있는 (play의 진행형)
- **studying** [stʌ́diŋ] 공부하고 있는 (study의 진행형)

? 나는 하고 있어요.

> ### I'm + -ing
> ### 나는 ~을 하고 있어
>
> 지금 무엇을 하고 있는지를 말하고 싶을 때 영어로는 어떻게 표현하면 될까요?
> 여러 가지 상황을 상상해 보면서 영어로 직접 말해 봐요!

I'm having dinner.
나는 저녁 먹고 있어.

I'm studying for an exam.
나는 시험공부하고 있어.

I'm waiting for friends.
나는 친구들을 기다리고 있어.

I'm studying for an exam.

You're making mistakes.
너는 실수하고 있어.

You're going to the supermarket.
너는 슈퍼마켓에 가고 있어.

She's thinking about you.
그 여자애는 네 생각을 하고 있어.

단어가
반짝반짝

- exam [igzǽm] 시험
- making [méikiŋ] 만들고 있는(make의 진행형)
- mistake [mistéik] 실수
- thinking [θíŋkiŋ] 생각하고 있는(think의 진행형)
- waiting [wéitiŋ] 기다리고 있는(wait의 진행형)

He's doing his homework.
그 남자애는 숙제하고 있어.

He's taking a trip to Europe.
그 남자애는 유럽을 여행하고 있어.

He's praying for me.
그 남자애는 나를 위해 기도하고 있어.

 They're telling a lie.
그 애들은 거짓말을 하고 있어.

They're asking questions.
그 애들은 질문을 하고 있어.

They're looking at the picture.
그 애들은 그림을 보고 있어.

 It's snowing outside.
밖에 눈이 오고 있어.

Jerry is cooking dinner.
제리는 저녁을 준비하고 있어.

Amy is brushing her teeth.
에이미는 이를 닦고 있어.

- **taking a trip** 여행을 하고 있는 (take의 진행형)
- **praying** 기도하고 있는 (pray의 진행형) · **telling a lie** 거짓말하고 있는
- **asking** 질문하고 있는 (ask의 진행형) · **looking** 보고 있는 (look의 진행형)
- **snowing** 눈이 오고 있는 (snow의 진행형) · **cooking** 요리하고 있는 (cook의 진행형)
- **brushing** 이를 닦고 있는 (brush의 진행형)

학교 가니?(1)

3개의 대화 장면이 있어요. 지금 다들 어떤 상황에서 무슨 말을 나누고 있는 걸까요? 하나하나 살펴보면서 큰소리로 따라 해 봐요. 친구나 부모님과 함께 하면 더욱 재미있게 할 수 있어요. 준비~ 시작!

How do you go to school?
학교에 어떻게 가니?

**I go to school by bike.
And you?**
자전거 타고 학교에 가. 너는?

I go to school by school bus.
학교 버스 타고 가.

Wow, I envy you.
와, 부럽다.

I'm going to work by bike.

- how [hau] 어떻게 / 얼마나
- bike [baik] 자전거
- envy [énvi] 부럽다
- test [test] 시험
- luck [lʌk] 행운
- how to solve 푸는 방법

- by [bai] ~로
- school bus [skúːl bʌ́s] 스쿨버스
- worried [wə́ːrid] 걱정되는
- worry [wə́ːri] 걱정하다
- ask [æsk] 질문하다 / 묻다
- problem [prɑ́bləm] 문제

You look very worried.
굉장히 걱정스러워 보여.

I have a test today.
오늘 시험 봐.

Don't worry. Good luck!
걱정하지 마. 행운을 빈다!

Thank you.
고마워.

May I ask you a question?
질문해도 될까요?

Of course. What is it?
물론이지. 뭔데?

Do you know how to solve this problem?
이 문제를 어떻게 푸는지 알아요?

Yes, I can solve it.
응, 그걸 풀 수 있어.

생활 영어 표현 배우기

? 학교(1)

여러분은 학교에서 어떤 생활을 하고 있나요? 학교는 어떻게 가는지, 학교 생활이나 수업시간은 어떤지에 대해 친구에게 말하는 표현들을 배워서 영어로 직접 말해 봐요.

How do you go to school?
학교에 어떻게 가니?

I go to school by bike.
자전거 타고 학교에 가.

I go to school on foot.
걸어서 학교에 가.

I go to school by school bus.
학교 버스 타고 학교에 가.

I have a test today.
오늘 시험 봐.

There's no class tomorrow.
내일은 수업이 없어.

쑥쑥 크는 단어장

go [gou] 가다

on foot [án fút] 걸어서

today [tədéi] 오늘

no [nou] ~이 없는

class [klæs] 수업

tomorrow [təmɔ́ːrou] 내일

May I ask you a question?
질문해도 될까요?

Of course. What is it?
물론이지. 뭔데?

Can you count to 100 in English?
영어로 100까지 셀 수 있니?

Can you solve the problem?
문제 좀 풀어 보겠니?

If you know, raise your hand.
만일 알면 손을 들어.

I solve the problem.
문제를 풀게.

Your answer is wrong.
네 답은 틀려.

Try again.
다시 해 봐.

I don't understand.
이해 못하겠어.

Good job!
잘했어.

쑥쑥 크는 단어장

count [kaunt] 세다

raise [reiz] 올리다

hand [hænd] 손

answer [ǽnsər] 대답하다

wrong [rɔːŋ] 틀린 / 잘못된

try [trai] 시도하다 / 노력하디

again [əgén] 다시

understand [ʌ̀ndərstǽnd]
이해하다

job [dʒɑb] 일 / 임무

📢 배운 것을 기억하고 있나요?

1. 다음 단어로 문장을 만들어 쓰고 말해 봐요.

(1) taking, I'm, a, shower (나는 샤워 하고 있어.)

➜ _____

(2) going, the, You're, to, supermarket (너는 슈퍼마켓에 가고 있어.)

➜ _____

(3) snowing, outside, It's (밖에 눈이 오고 있어.)

➜ _____

★★★ (1) I'm taking a shower. (2) You're going to the supermarket. (3) It's snowing outside.

2. 다음을 친구와 함께 말해 봐요. (서로 순서를 바꿔 말해 봐요.)

A It's snowing outside.   밖에 눈이 오고 있어.

B Let's make a snowman.   우리 눈사람 만들자.

A That's a great idea.   그거 좋은 생각인데.

A Can you help me?   나 좀 도와줄래?

B No, I can't. I'm doing my homework.   안돼. 나는 지금 숙제하는 중이야.

A Oh, really?   오, 정말?

📚 톡톡 튀는 단어 〰〰〰〰〰〰〰〰

- **snowing** [snóuiŋ] 눈이 오고 있는(snow의 진행형)
- **Let's** [lets] ~하자
- **snowman** [snóumæn] 눈사람
- **help** [help] 돕다
- **outside** [áutsáid] 밖에
- **make** [meik] 만들다
- **a great idea** 좋은 생각
- **oh** 오(놀라거나 이상할 때 내는 감탄사)

1. 영어는 우리말로, 우리말은 영어로 고쳐 써 보고, 말해 봐요.

(1) How do you go to school?

➡ _____

(2) I have a test today.

➡ _____

(3) 질문해도 될까요?

➡ _____

(4) 이 문제를 어떻게 푸는지 알아요?

➡ _____

★★★ (1) 학교에 어떻게 가니? (2) 오늘 시험 봐. (3) May I ask you a question?
(4) Do you know how to solve this problem?

2. 영어 단어는 한국말로, 한국말은 영어 단어로 써 보고, 읽어 봐요.

(1) 자전거 _____   (2) 학교 버스 _____

(3) 부럽다 _____   (4) 걱정되는 _____

(5) 시험 _____   (6) worry _____

(7) luck _____   (8) ask _____

(9) question _____   (10) how to solve _____

★★★ (1) bike (2) school bus (3) envy (4) worried (5) test
(6) 걱정하다 (7) 행운 (8) 질문하다 / 묻다 (9) 질문 (10) 푸는 방법

13 Come here.
이리 와.

목이 마른데 꼼짝도 하기 싫을 때 여러분은 어떻게 하나요? 동생한테 물 좀 가져다 달라고 시키면 되겠죠? 아~ 이렇게 쉬운 일이 또 있을까. 영어로 누구에게 어떻게 하라고 시키는 말은 더 쉽답니다. 앞뒤에 뭐 따로 붙이는 말없이 우리가 알고 있는 동사를 그냥 말하면 되거든요. "이리 와."라고 말하고 싶으면 "Come here."가 전부예요. 어른에게 부탁하거나, 친구에게라도 조금 공손하게 말하고 싶으면 앞이나 뒤에다가 'please'라는 말만 붙여 주면 돼요. 'please'는 우리말로 '제발 ~해 줘'라는 뜻이에요. "Please, come here."라고 말하면 "이리 와 줘." 정도가 되는 거죠. 여러분이 엄마에게 자주 듣는 말 중에는 "방 치워라." "손 씻어라." 등이 있을 거예요. 이런 말들을 영어로는 "Clean the room.", "Wash your hands."라고 하면 돼요. 그런데 이런 간섭을 받으면 싫을 때도 있지요? 그럴 때는 "날 내버려 둬."라고 말하고 싶겠죠? 영어로는 "Leave me alone!"이라고 하면 돼요. 이렇게 문장에 주어를 쓰지 않고 동사가 직접 나오는 문장을 '명령문'이라고 해요. 동사를 많이 알면 명령문 만들기가 쉬워요. 단어 공부를 열심히 해서 많은 문장을 만들어 봐요.

톡톡 튀는 단어

- **please** [pliːz] 제발
- **leave** [liːv] 떠나다 / 내버려두다
- **clean** [kliːn] 씻다
- **alone** [əlóun] 혼자

영어 표현 배우기

 ? 무엇을 해 줘요.

명령문 - 원하는 동작을 나타내는 동사 ~
~을 해라

상대방에게 무엇을 해달라고 말하거나 요청하고 싶을 때 영어로는 어떻게 표현하면 될까요? 여러 가지 상황을 상상해 보면서 영어로 직접 말해 봐요!

 Come here.
이리 와.

Look at the blackboard.
칠판을 봐.

Speak in English.
영어로 말해라.

 Leave me alone!
나를 내버려 둬!

Believe me.
나를 믿어.

Wash your hands.
손 닦아라.

 **단어가 반짝반짝**

- come[kʌm] 오다
- look[luk] 보다
- leave[liːv] 떠나다 / 남겨두다
- believe[biliːv] 믿다
- here[hiər] 여기
- blackboard[blǽkbɔ̀ːrd] 칠판
- speak[spiːk] 말하다
- wash[wɔːʃ] 씻다

Forgive me.
나를 용서해 줘.

Make a wish.
소원을 빌어.

Be good.
얌전히 굴어.

 Clean the room.
방 치워라.

Show me the letter.
그 편지를 보여 줘.

Pass me the salt.
소금 좀 건네 줘.

 Finish your homework.
숙제를 끝내라.

Get some water.
물 좀 갖다 줘.

Go back home.
너희 집으로 돌아가.

 단어가 반짝반짝

- forgive [fərgív] 용서하다
- show [ʃou] 보이다 / 보여 주다
- letter [létər] 편지
- salt [sɔːlt] 소금
- get [get] 얻다 / 가지고 가다
- wish [wiʃ] 소망 / 소원
- clean [kliːn] 청소하다
- pass [pæs] 통과하다 / 건네다
- finish [fíniʃ] 끝내다
- go back [góu bǽk] 돌아가다

? 학교 생활은 어때?(2)

3개의 대화 장면이 있어요. 지금 다들 어떤 상황에서 무슨 말을 나누고 있는 걸까요? 하나하나 살펴보면서 큰소리로 따라 해 봐요. 친구나 부모님과 함께 하면 더욱 재미있게 할 수 있어요. 준비~ 시작!

Why were you late for school?
왜 학교에 늦었니?

Because I missed the bus.
버스를 놓쳤기 때문이에요.

Don't be late next time.
다음 번에는 늦으면 안돼.

OK. I won't.
좋아요. 안 늦을게요.

- why [hwai] 왜
- because [bikɔ́ːz] ~때문에
- next time [nékst táim] 다음 번에
- eraser [iréisər] 지우개
- use [juːz] 이용하다
- subject [sʌ́bdʒikt] 과목
- bored [bɔːrd] 지루한

- late [leit] 늦은
- missed [mist] 놓쳤다
- borrow [bárou] 빌리다
- sure [ʃuər] 물론 / 좋고 말고
- pencil [pénsəl] 연필
- science [sáiəns] 과학

Can I borrow your eraser?
지우개 좀 빌려 주겠니?

Sure. Here you are.
좋아. 여기 있어.

May I use your pencil?
연필을 좀 써도 될까?

Sure, go ahead.
좋아, 그렇게 해.

What's your favorite subject?
무슨 과목을 제일 좋아하니?

It's science.
과학이야.

I'm bored in math class.
난 수학시간이 지루해.

Me, too.
나도 그래.

? 학교(2)

여러분은 학교에서 어떤 생활을 하고 있나요? 학교는 어떻게 가는지, 학교 생활이나 수업시간은 어떤지에 대해 친구에게 말하는 표현들을 배워서 영어로 직접 말해 봐요.

Why were you late for school?
왜 학교에 늦었니?

Because I missed the bus.
버스를 놓쳤기 때문이야.

Is Lina absent?
리나 결석했니?

Because she's sick.
그 애는 아프기 때문이야.

What's your favorite subject?
무슨 과목을 제일 좋아하니?

쑥쑥 크는 단어장

absent [ǽbsənt] 결석한

sick [sik] 아픈

favorite [féivərit] 좋아하는

subject [sʌ́bdʒikt] 과목

bored [bɔːrd] 지루한

class [klæs] 수업

I'm bored in class.
수업 시간에 지루해.

I have a poor memory.
난 기억력이 나빠.

I don't like science.
나는 과학을 좋아하지 않아.

Are you good at math?
수학에 능숙하니?

I am poor at English.
나는 영어를 못해.

Same here.
마찬가지야.

Don't cheat on the exam.
시험 볼 때 컨닝 하지 말아라.

Can I borrow your eraser?
지우개 좀 빌려 주겠니?

Can you clean the blackboard?
칠판 좀 지워 주겠니?

May I go to the toilet?
화장실 가도 될까요?

Don't talk too loud.
너무 크게 말하지 마.

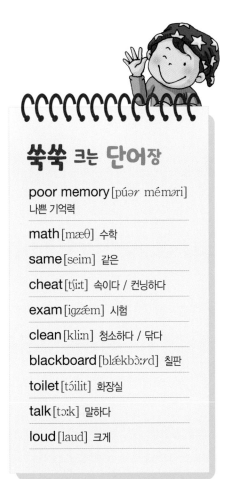

쑥쑥 크는 단어장

poor memory [púər méməri]
나쁜 기억력

math [mæθ] 수학

same [seim] 같은

cheat [tʃiːt] 속이다 / 컨닝하다

exam [igzǽm] 시험

clean [kliːn] 청소하다 / 닦다

blackboard [blǽkbɔ̀ːrd] 칠판

toilet [tɔ́ilit] 화장실

talk [tɔːk] 말하다

loud [laud] 크게

🔊 배운 것을 기억하고 있나요?

1. 다음 단어로 문장을 만들어 쓰고 말해 봐요.

(1) me, Believe (나를 믿어.) ➡ _____

(2) me, Forgive (나를 용서해 줘.) ➡ _____

(3) Wash, hands, your (손 닦아라.) ➡ _____

★ ★ ★　(1) Believe me.　(2) Forgive me.　(3) Wash your hands.

2. 다음을 친구와 함께 말해 봐요. (서로 순서를 바꿔 말해 봐요.)

A Happy birthday to you!　　　　　　　생일 축하해!

B Thank you. Can I blow out the candles?　고마워. 촛불을 끌까?

A Yes. And make a wish.　　　　　　　그래. 그리고 소원을 빌어.

A I got a love letter from a boy.　　　어떤 남자애한테 연애편지를 받았어.

B Wow. Show me the letter.　　　　　와우. 그 편지 좀 보여 줘.

A No. I will not show it to anyone.　　싫어. 누구한테도 안 보여 줄 거야.

📚 톡톡 튀는 단어

- happy [hǽpi] 축하하다
- birthday [bə́ːrθdèi] 생일
- thank [θæŋk] 고맙다
- blow out [blóu àut] 불어서 끄다
- candles [kǽndlz] 촛불(candle의 복수형)
- got [ɡɑt] 받았다(get의 과거형)
- wow [wau] 와우(놀라거나 기쁠 때 내는 감탄사)
- show [ʃou] 보이다 / 보여 주다
- will [wil] ~할 거다(앞으로 할 일을 말할 때 동사 앞에 붙이는 말)
- anyone [éniwʌ̀n] 누군가 / 아무라도

1. 영어는 우리말로, 우리말은 영어로 고쳐 써 보고, 말해 봐요.

(1) Why were you late for school?

➜ _____

(2) Can I borrow your eraser?

➜ _____

(3) 무슨 과목을 제일 좋아하니?

➜ _____

(4) 나는 영어를 못해.

➜ _____

★★★ (1) 왜 학교에 늦었니? (2) 지우개 좀 빌려 주겠니? (3) What's your favorite subject? (4) I am poor at English.

2. 영어 단어는 한국말로, 한국말은 영어 단어로 써 보고, 읽어 봐요.

(1) late _____   (2) because _____

(3) missed _____   (4) next time _____

(5) borrow _____   (6) 지우개 _____

(7) 이용하다 _____   (8) 연필 _____

(9) 과목 _____   (10) 과학 _____

★★★ (1) 늦은 (2) ~때문에 (3) 놓쳤다 (4) 다음 번에 (5) 빌리다 (6) eraser (7) use (8) pencil (9) subject (10) science

14 How was the weekend?

주말에 어땠어?

　　월요일 아침 학교에서 친구를 만나면 서로 주말을 어떻게 보냈는지 물어 보곤 하지요? 주말 동안 가족과 소풍이라도 다녀왔는지 아니면 집에 콕 박혀 있었는지 말이에요. 이렇게 "주말에 어땠어?"라고 묻고 싶을 때 영어로는 뭐 라고 말할까요? "How was the weekend?"라고 한답니다. '어떻게'라는 뜻의 'How'를 문장 맨 앞에 쓰고, 이미 지나간 일에 대해서 물어보는 거니까 과거 를 나타내는 동사 'was'를 붙이는 거죠. 친구가 주말에 영화를 봤다고 말한다 면, 그 영화가 어땠는지 알고 싶겠죠? 이럴 때에는 "How was the movie?"라 고 물어보면 돼요. 이때 과거 동사 was 대신 현재 동사 'is'나 'are'를 쓰면 지나 간 일이 아니라 지금 상황을 물어보는 표현이 되는 거예요. 예를 들어 친구가 아까부터 머리가 아프다고 했는데, 지금은 좀 나아졌는지 물어보고 싶을 때 에는 이렇게 말해요. "How is your headache?"라고요. 'How'랑 'is / was'만 있으면 궁금한 것을 다 물어볼 수 있겠죠? 여러분, 지금 우리의 영어 수업은 어때요? 이것은 "How is the English class?"라고 하면 돼요.

톡톡 튀는 단어

- how was ~ ? ~은 어땠니?
- movie [múːvi] 영화
- weekend [wíːkènd] 주말
- headache [hédèik] 두통 / 머리 아픔

? 그것은 어땠어요?

How was / is ~ ?
~은 어땠어?/ ~은 어때?

상대방에게 무엇이 어떠했는가 혹은 현재 어떠한가를 물어보고 싶을 때 영어로는
어떻게 표현하면 될까요? 여러 가지 상황을 상상해 보면서 영어로 직접 말해 봐요!

 How was the weekend?
주말은 어땠어?

How was the museum?
박물관은 어땠어?

How was the exam?
시험은 어땠어?

How was
the zoo?

 How was the weather?
날씨는 어땠어?

How was the concert?
콘서트는 어땠어?

How was the zoo?
동물원은 어땠어?

 단어가 반짝반짝

- how [hau] 어떻게 / 얼마나
- weekend [wíːkènd] 주말
- exam [igzǽm] 시험
- concert [kánsəːrt] 콘서트
- was [wʌz] ~였다(is의 과거형)
- museum [mjuːzíːəm] 박물관
- weather [wéðər] 날씨
- zoo [zuː] 동물원

How is your score?
네 점수는 어때?

How is your headache?
너 머리 아픈 건 어때?

How is the English class?
영어 수업은 어때?

How was the exam?

 How is her partner?
그 여자애 짝꿍은 어때?

How is his haircut?
그 남자애 머리 자른 거 어때?

How is his basketball team?
그 남자애네 농구팀 어때?

How is my haircut?

COOL…

 How is his cell phone?
그 남자애 휴대폰 어때?

How are the shops on the corner?
코너에 있는 가게들 어때?

How are the patients in the hospital?
병원에 있는 환자들 어때?

단어가 반짝반짝

- How is ~? ~은 어때?
- headache [hédèik] 두통
- haircut [héərkʌt] 이발
- cell phone 핸드폰
- patient [péiʃənt] 환자

- score [skɔːr] 점수
- partner [páːrtnər] 짝 / 상대
- basketball team 농구팀
- on the corner 코너에 / 구석에
- in the hospital 병원에

알콩달콩 생활 회화

 그 친구 어때?

3개의 대화 장면이 있어요. 지금 다들 어떤 상황에서 무슨 말을 나누고 있는 걸 까요? 하나하나 살펴보면서 큰소리로 따라 해 봐요. 친구나 부모님과 함께 하면 더욱 재미있게 할 수 있어요. 준비~ 시작!

1

I like Dong-ho.
동호를 좋아해.

**Really? I can't believe it.
What is he like?**
정말? 믿을 수 없어. 그 애는 어때?

**He's handsome
and smart.**
그 애는 잘생기고 똑똑해.

Really?

I think he is cute.

단어가
반짝반짝

- really [ríːəli] 정말로
- handsome [hǽnsəm] 잘생기다
- met [met] 만났다(meet의 과거형)
- want [wɔːnt] 원하다
- teacher [tíːtʃər] 선생님
- skirt [skəːrt] 치마
- sometime [sʌ́mtàim] 언젠가

- believe [bilíːv] 믿다
- smart [smɑːrt] 똑똑하다
- girlfriend [gə́ːrlfrènd] 여자친구
- saw [sɔː] 보았다(see의 과거형)
- wear [wɛər] 입다
- blouse [blaus] 블라우스

I met my girlfriend yesterday.
어제 여자친구 만났어.

Why do you like her?
왜 그 여자애를 좋아해?

Because she's smart.
그 여자애는 똑똑하기 때문이야.

I also want to have a girlfriend.
나도 여자친구를 사귀고 싶어.

I saw my teacher at school.
학교에서 선생님 봤어.

What was your teacher wearing?
너의 선생님 뭘 입으셨니?

She was wearing a skirt and a blouse.
치마에 블라우스를 입으셨어.

I would like to see your teacher sometime.
너의 선생님을 언젠가 보고 싶어.

? 친구

> 여러분은 학교에서 어떤 친구들과 친하고 누구를 좋아하나요? 친구의 성격이나 외모, 입은 옷에 대해 다른 사람에게 알리는 표현들을 배워서 영어로 직접 말해 봐요.

큰 소리로 말해 봐요.

What is he like?
그 애는 어때?

He's handsome and smart.
그 애는 잘생기고 똑똑해.

He's ugly.
그 애는 못생겼어.

He's rough.
그 애는 사나워.

He is a bright boy.
그 애는 명랑한 소년이야.

He is a meek child.
그 애는 착한 애야.

쑥쑥 크는 단어장

ugly [ʌ́gli] 못생긴

rough [rʌf] 난폭한 / 사나운

boy [bɔi] 소년

bright [brait] 밝은 / 명랑한

meek [miːk] 순한 / 착한

child [tʃaild] 아이 / 어린이

What is she like?
그 여자애는 어때?

She is quiet and shy.
그 여자애는 조용하고 수줍어해.

She is plain.
그 여자애는 평범해.

She is a cheerful girl.
그 여자애는 명랑한 소녀야.

Why do you like her?
왜 그 여자애를 좋아해?

Because she's smart.
그 여자애는 똑똑하기 때문이야.

What is he wearing?
그 애는 뭘 입고 있니?

He's wearing a shirt and jeans.
그 애는 셔츠에 청바지를 입고 있어.

What is she wearing?
그 여자애는 뭘 입고 있니?

She's wearing a skirt and a blouse.
그 여자애는 치마에 블라우스를 입고 있어.

쑥쑥 크는 단어장

quiet [kwáiət] 조용한

shy [ʃai] 수줍은

plain [plein] 평범한 / 못생긴

cheerful [tʃíərfəl] 명랑한 / 쾌활한

wearing [wέəriŋ] 입고 있는

shirt [ʃəːrt] 셔츠

jeans [dʒiːnz] 청바지

배운 것을 기억하고 있나요?

1. 다음 단어로 문장을 만들어 쓰고 말해 봐요.

(1) weather, the, was, How (날씨는 어땠어?)

  ➜ _____

(2) score, is, your, How (네 점수는 어때?)

  ➜ _____

(3) partner, is, her, How (그 여자애 짝꿍은 어때?)

★★★ (1) How was the weather? (2) How is your score? (3) How is her partner?

2. 다음을 친구와 함께 말해 봐요. (서로 순서를 바꿔 말해 봐요.)

A	Long time, no see.	오랜만이네.
B	Yes, really. How was your vacation?	그래, 정말. 방학은 어땠니?
A	It was great.	굉장했어.

A	Amy bought a new cell phone.	에이미는 새 핸드폰을 샀어.
B	Oh, how is her cell phone?	오, 그 아이의 핸드폰은 어때?
A	It is very nice.	아주 좋아.

톡톡 튀는 단어

- **long** [lɔːŋ] 긴
- **see** [siː] 보다
- **vacation** [veikéiʃən] 방학
- **bought** [bɔːt] 샀다(buy의 과거형)
- **time** [taim] 시간
- **really** [ríːəli] 정말
- **great** [greit] 굉장한
- **cell phone** [sél fòun] 핸드폰

1. 영어는 우리말로, 우리말은 영어로 고쳐 써 보고, 말해 봐요.

(1) What is he like?

➜ _____

(2) Why do you like her?

➜ _____

(3) 그 애는 잘생기고 똑똑해.

➜ _____

(4) 그 여자애는 조용하고 수줍어해.

➜ _____

★★★ (1) 그 애는 어때? (2) 왜 그 여자애를 좋아해? (3) He's handsome and smart. (4) She is quiet and shy.

2. 영어 단어는 한국말로, 한국말은 영어 단어로 써 보고, 읽어 봐요.

(1) can't _____ (2) believe _____

(3) handsome _____ (4) smart _____

(5) girlfriend _____ (6) 입다 _____

(7) 언젠가 _____ (8) 평범한 / 못생긴 _____

(9) 난폭한 / 사나운 _____ (10) 밝은 / 명랑한 _____

★★★ (1) ~할 수 없다 (2) 믿다 (3) 잘생긴 (4) 똑똑한 (5) 여자친구 (6) wear
(7) sometime (8) plain / ugly (9) rough (10) bright

15 Janet's cell phone is better than yours.
자넷의 핸드폰이 네 것보다 좋아.

내 짝꿍 자넷은 새로 산 내 휴대폰보다 자기 것이 더 좋다고 자꾸 우깁니다. 결국 뒤에 앉은 친구에게 어느 것이 더 좋은가 물어봤어요. 그랬더니 그 친구가 이렇게 말해 주네요. "Janet's cell phone is better than yours."라고요. 아이런, 이 말은 곧 자넷의 휴대폰이 내 것보다 더 좋다는 말이잖아요. 이렇게 무엇인가를 비교할 때 쓰는 형용사와 '~보다'라는 뜻의 'than~'을 붙여서 두 가지를 비교하는 말을 할 수 있어요. 그럼, 이번에는 "내 여자친구는 그 여자애보다 예뻐."라는 말을 영어로 해 볼까요? "My girlfriend is prettier than her."라고 하면 돼요. '좋은'이라는 뜻을 가진 'good'이 '더 좋은'이라는 뜻으로 바뀔 때 'better'를 쓰는 거예요. '예쁜'이라는 뜻을 가진 'pretty'가 '더 예쁜'이라고 쓰일 때는 'prettier'로 바뀌죠. 좀 복잡한가요? 나머지 형용사들의 변화도 좀 살펴볼까요? 'bad(나쁜)'는 'worse(더 나쁜)'로, 'easy(쉬운)'는 'easier(더 쉬운)'로, 'old(오래된)'는 'older(더 오래된)'라고 해요. 몇 가지만 빼고 대부분 뒤에다가 '-er'만 붙이면 된답니다. 자, 뭐가 더 좋은지, 뭐가 더 쉬운지, 뭐가 더 예쁜지 마구마구 비교해서 말해 볼까요?

톡톡 튀는 단어

- **better than** [bétər ðæn] ~보다 더 좋은
- **worse** [wəːrs] 더 나쁜
- **prettier** [prítiər] 예쁜
- **easier** [íːziər] 더 쉬운

❓ 그것보다 더 좋아요.

비교급 + than ~
~보다 더 ~한

두 가지 물건, 사람을 놓고 비교하고 싶을 때 영어로는 어떻게 표현하면 될까요?
여러 가지 상황을 상상해 보면서 영어로 직접 말해 봐요!

Her cell phone is better than mine.
그 여자애의 휴대폰은 내 것보다 좋아.

Health is better than money.
건강이 돈보다 좋아.

My girlfriend is prettier than her.
내 여자친구는 그 여자애보다 예뻐

It is easier than this book.

English is easier than Japanese.
영어가 일본어보다 쉬워.

It is easier than this book.
그게 이 책보다 쉬워.

Their car is worse than ours.
그들의 차가 우리 것보다 못해.

단어가 반짝반짝

- than [ðæn] ~보다
- prettier than [prítiər ðæn] 더 예쁜
- easier [íːziər] 더 쉬운
- worse [wəːrs] 더 나쁜
- mine [main] 나의 것
- health [helθ] 건강
- Japanese [dʒæpəníːz] 일본어
- ours [áuərz] 우리의 것

My dad is older than my mom.
우리 아빠는 엄마보다 나이가 많아.

I am older than my brother.
난 내 동생보다 나이가 많아.

The museum is older than the theater.
그 박물관이 그 극장보다 오래 됐어.

My girlfriend is prettier than her.

 Amy is taller than that girl.
에이미는 그 여자애보다 키가 커.

The building is taller than my house.
그 빌딩이 우리 집보다 높아.

The giant is taller than the tree.
그 거인은 그 나무보다 키가 커.

 Cheetahs run faster than tigers.
치타는 호랑이보다 빨리 뛰어.

She speaks faster than me.
그 여자애는 나보다 빨리 말해.

That clock is faster than this one.
저 시계는 이 시계보다 빨라.

That clock is faster than this one.

단어가
반짝반짝

- dad [dæd] 아빠
- theater [θíːətər] 극장
- building [bíldiŋ] 빌딩
- cheetah [tʃíːtə] 치타
- tiger [táigər] 호랑이
- older [óuldər] 더 나이 많은 / 더 오래된
- taller [tɔ́ːlər] 더 큰
- giant [dʒáiənt] 거인
- faster [fǽstər] 더 빠른

가족이 몇 명이니?

3개의 대화 장면이 있어요. 지금 다들 어떤 상황에서 무슨 말을 나누고 있는 걸까요? 하나하나 살펴보면서 큰소리로 따라 해 봐요. 친구나 부모님과 함께 하면 더욱 재미있게 할 수 있어요. 준비~ 시작!

1

How large is your family?
가족이 몇 명이니?

There are three of us.
세 식구야.

Do you have any brothers or sisters?
형제나 자매가 있니?

No, I am an only daughter.
아니, 나는 외동딸이야.

- family [fǽməli] 가족
- us [ʌs] 우리를
- sister [sístər] 언니 / 누나 / 여자 동생
- best [best] 제일
- first [fəːrst] 첫째의
- washed [wɔːʃt] 씻었다

- large [lɑːrdʒ] 큰 / 많은
- brother [brʌ́ðər] 오빠 / 형 / 남자 동생
- only daughter 외동딸
- wash [wɔːʃ] 씻다
- already [ɔːlrédi] 이미 / 벌써
- them [ðem] 그들을 / 그것들을

Can you tell me about your family?
가족 얘기 좀 해 주겠니?

There are four in my family.
네 식구야.

Who do you like best?
누가 제일 좋니?

I like all my family.
우리 가족 모두를 좋아해.

I'm home, mom.
엄마, 집에 왔어요.

Dinner is ready.
Wash your hands, first.
저녁이 준비되었다. 먼저 손부터 씻어라.

I already washed them.
이미 손을 씻었어요.

Good boy!
착하기도 해라!

가족 / 집

가족에 대해 말할 기회가 가끔 있었을 거예요. 우리 식구는 몇 명인지, 누구와 함께 사는지 등에 대해 다른 사람에게 알리는 표현들을 배워서 영어로 직접 말해 봐요.

큰 소리로 말해 봐요.

How many people are there in your family?
가족이 몇 명이나 되니?

Do you have a large family?
가족이 많니?

There are four in my family.
네 식구야.

Tell me about your family.
네 가족에 대해 이야기해 줘.

Do you have any brothers or sisters?
형제나 자매가 있니?

How many brothers and sisters do you have?
형제자매가 몇 명이니?

쑥쑥 크는 단어장

many [méni] 많은

people [pí:pl] 사람들

large family 대가족

four [fɔːr] 4 / 넷

tell [tel] 말하다

brothers and sisters 형제자매

I have a sister and a brother.
여자 형제와 남자 형제가 한 명씩 있어.

Are you the eldest son?
장남이니?

Are you the eldest daughter?
장녀이니?

I'm the oldest.
나는 맏이야.

I'm the youngest.
나는 막내야.

I am an only son.
나는 외아들이야.

I am an only daughter.
나는 외동딸이야.

I'm home, mom.
엄마, 집에 왔어요.

쑥쑥 크는 단어장

the eldest son 장남

the eldest daughter 장녀

the oldest [óuldist] 맏이

the youngest [jʌ́ŋgist] 막내

only son [óunli sʌ́n] 외아들

mom [mɑm] 엄마

fight [fait] 싸우다

Come in, my son.
들어오렴.

Don't fight with your brother.
오빠와 싸우지 말아라.

🔊 배운 것을 기억하고 있나요?

---

1. 다음 단어로 문장을 만들어 쓰고 말해 봐요.

(1) Health, better, than, money, is (건강이 돈보다 좋아.)

➡ _____

(2) easier, than, this book, is, It (그게 이 책보다 쉬워.)

➡ _____

(3) She, faster, speaks, than, me (그 여자애는 나보다 빨리 말해.)

➡ _____

★★★　(1) Health is better than money.　(2) It is easier than this book. (3) She speaks faster than me.

2. 다음을 친구와 함께 말해 봐요. (서로 순서를 바꿔 말해 봐요.)

A　It is one thirty p.m.　　　　　　　　　오후 1시 30분이에요.

B　No, it's one twenty five.　　　　　　　아니야, 1시 25분이야.

A　My clock is faster than yours.　　　　내 시계가 네 것보다 빠르네.

A　I have a problem.　　　　　　　　　　문제가 있어.

B　What is it? You can tell me anything. 무엇인데? 뭐든지 나한테 말해.

A　My brother is taller than me now.　　내 동생이 지금 나보다 더 커.

📚 톡톡 튀는 단어 〰〰〰〰〰〰

- one thirty p.m. 오후 1시 30분
- what [hwɑt] 무엇
- anything [éniθiŋ] 어떤 것이나 / 무엇이나
- now [nau] 지금

- one twenty five 1시 25분
- tell [tel] 말하다
- taller [tɔ́ːlər] 더 큰

1. 영어는 우리말로, 우리말은 영어로 고쳐 써 보고, 말해 봐요.

　(1) How large is your family?

　　➜ _____

　(2) Do you have any brothers or sisters?

　　➜ _____

　(3) 네 식구야.

　　➜ _____

　(4) 나는 외아들이야.

　　➜ _____

　　★★★　(1) 가족이 몇 명이니? (2) 형제나 자매가 있니? (3) There are four in my family. (4) I am an only son.

2. 영어 단어는 한국말로, 한국말은 영어 단어로 써 보고, 읽어 봐요.

　(1) family　_____　　(2) large　_____

　(3) three　_____　　(4) us　_____

　(5) brother　_____

　(6) 언니 / 누나 / 여자 동생　_____

　(7) 외동딸　_____　　(8) 씻다　_____

　(9) 첫째의　_____　　(10) 이미 / 벌써　_____

　　★★★　(1) 가족 (2) 큰 / 많은 (3) 3 / 셋 (4) 우리를 (5) 오빠 / 형 / 남자 동생
　　　　　(6) sister (7) only daughter (8) wash (9) first (10) already

16 My favorite food is pizza.

내가 제일 좋아하는 음식은 피자야.

"네가 제일 좋아하는 운동이 뭐니?", "네가 제일 좋아하는 음식이 뭐니?"라고 누가 묻는다면 여러분은 뭐라고 대답하겠어요? "내가 제일 좋아하는 운동은 야구야.", "내가 제일 좋아하는 음식은 피자야." 등으로 말하겠죠. 이렇게 말할 때 '제일 좋아하는'이란 말은 영어로 뭘까요? 한 단어로 'favorite'라고 하면 돼요. 그러면 'favorite'를 이용해서 내가 제일 좋아하는 것에 대해서 이야기해 볼까요? 먼저 '내가 제일 좋아하는 운동'이라는 말은 'My favorite sport'라고 하면 돼요. 그다음 '야구이다'는 'is baseball'이고요. 이것을 합쳐서 "My favorite sport is baseball."이라고 하면 되겠죠? "내가 좋아하는 음식은 피자야."는 "My favorite food is pizza."가 되는 거예요. 친구들과 쇼핑을 갔을 때에도 이런 표현들이 필요해요. 티셔츠를 살 때 "내가 제일 좋아하는 색깔은 보라색이야."를 말하고 싶어요. 어떻게 하면 될까요? "My favorite color is purple."이라고 하면 돼요. 맨 앞에 'my' 대신 her, his, our, their 등으로 바꾸어서 다른 사람이 좋아하는 것을 말할 수 있어요.

톡톡 튀는 단어

- favorite [féivərit] 좋아하는
- sport [spɔːrt] 운동
- food [fuːd] 음식
- pizza [píːtsə] 피자

제일 좋아하는 거예요.

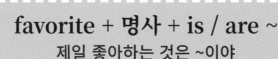

favorite + 명사 + is / are ~
제일 좋아하는 것은 ~이야

제일 좋아하는 사람이나 사물을 말하고 싶을 때 영어로는 어떻게 표현하면
될까요? 여러 가지 상황을 상상해 보면서 영어로 직접 말해 봐요!

My favorite food is pizza.
내가 제일 좋아하는 음식은 피자야.

My favorite color is purple.
내가 제일 좋아하는 색깔은 보라색이야.

My favorite season is spring.
내가 제일 좋아하는 계절은 봄이야.

His favorite fruit is melon.
그 남자애가 제일 좋아하는 과일은 메론이야.

His favorite animals are elephants.
그 남자애가 제일 좋아하는 동물은 코끼리야.

Her favorite subject is science.
그 여자애가 제일 좋아하는 과목은 과학이야.

단어가 반짝반짝

- favorite [féivərit] 좋아하는
- purple [pə:rpl] 보라색
- spring [spriŋ] 봄
- animals [ǽnəməlz] 동물(animal의 복수형)
- color [kʌlər] 색깔
- season [si:zn] 계절
- subject [sʌ́bdʒikt] 과목

3 Our favorite story is *Cinderella*.
우리가 제일 좋아하는 이야기는 신델렐라야.

Our favorite birds are penguins.
우리가 제일 좋아하는 새는 펭귄이야.

Our favorite soda is coke.
우리가 제일 좋아하는 음료수는 콜라야.

Their favorite pets are cats.

 4 Their favorite pets are cats.
그 애들이 제일 좋아하는 애완동물은 고양이야.

Their favorite city is New York.
그 애들이 제일 좋아하는 도시는 뉴욕이야.

Their favorite month is September.
그 애들이 제일 좋아하는 달은 9월이야.

 5 Andy's favorite singer is Hyori.
앤디가 제일 좋아하는 가수는 효리야.

My mother's favorite number is seven.
우리 엄마가 제일 좋아하는 숫자는 7이야.

The boy's favorite game is Starcraft.
그 소년이 제일 좋아하는 게임은 스타크래프트야.

I CAN FLY
I CAN FLY
I CAN FLY

Please ......

단어가 반짝반짝

- story [stɔ́:ri] 이야기
- birds [bə:rdz] 새(bird의 복수형)
- coke [kouk] 콜라
- city [síti] 도시
- September [septémbər] 9월
- number [nʌ́mbər] 숫자
- penguins [péŋgwinz] 펭귄(penguin의 복수형)
- soda [sóudə] 소다(음료수의 일종)
- pets [pets] 애완동물(pet의 복수형)
- month [mʌ́nθ] 달
- singer [síŋər] 가수
- writer [ráitər] 작가

지금 몇 시니?

3개의 대화 장면이 있어요. 지금 다들 어떤 상황에서 무슨 말을 나누고 있는 걸까요? 하나하나 살펴보면서 큰소리로 따라 해 봐요. 친구나 부모님과 함께 하면 더욱 재미있게 할 수 있어요. 준비~ 시작!

1

What time is it now?
지금 몇 시니?

It is ten to eight.
8시 10분 전이야.

What time will you call me?
너 몇 시에 나한테 전화할 거니?

At half past nine.
9시 반에.

- time [taim] 시간
- call [kɔːl] 전화하다
- half [hæf] 반
- nine [nain] 9 / 아홉
- noon [nuːn] 정오 / 한낮
- thirty [θɚ́ːrti] 30 / 서른
- hurry [hɚ́ːri] 서두르다

- eight [eit] 8 / 여덟
- at [æt] ~에
- past [pæst] 지난
- lunch [lʌntʃ] 점심식사
- ten [ten] 10 / 열
- begin [bigín] 시작하다

What time did you have lunch?
몇 시에 점심 먹었니?

At noon.
12시에.

What time do you go to bed at night?
밤에 몇 시에 자니?

At ten thirty.
열 시 삼십 분에.

When does school begin?
학교는 언제 시작이니?

It begins at nine.
9시에 시작해요.

You are late for school. Hurry up!
학교에 늦어. 서둘러!

Oops! It's already nine o'clock.
어머나, 벌써 9시네.

? 시간

일상생활에서 자주 접하게 되는 것 중에 하나가 시간에 관한 대화예요. 시간을 묻고 대답하는 표현에는 어떤 것들이 있을까요? 여러 표현들을 배워서 영어로 직접 말해 봐요.

What time is it now?
지금 몇 시니?

It is seven o'clock.
일곱 시야.

It is eight forty.
여덟 시 사십 분이야.

It is half past six.
여섯 시 반이야.

At five thirty.
다섯 시 삼십 분에.

At half past twelve.
열두 시 반에.

쑥쑥 크는 단어장

seven [sévən] 7 / 일곱

o'clock [əklák] ~시

forty [fɔ́ːrti] 40 / 마흔

six [siks] 6 / 여섯

five [faiv] 5 / 다섯

twelve [twelv] 12 / 열둘

What time do you get up in the morning?
아침에 몇 시에 일어나니?

What time do you go to bed at night?
밤에 몇 시에 자니?

What time do you go to school?
몇 시에 학교에 가니?

Do you have a watch?
시계 있니?

It's seven o'clock. Let's have breakfast.
일곱 시야. 아침 먹자.

Brush your teeth. It's half past eight.
칫솔질 해라. 여덟 시 반이야.

Let's meet at three o'clock.
세 시에 만나자.

It's time to do your homework.
숙제 할 시간이야.

I will come in thirty minutes.
30분 안에 올게.

My favorite program starts at ten.
제일 좋아하는 프로그램이 열 시에 시작해.

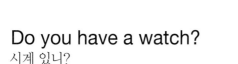

쑥쑥 크는 단어장

get up [gét ʌ̀p] 일어나다

bed [bed] 침대 / 잠자리

watch [watʃ] 시계

meet [miːt] 만나다

do [duː] 하다

homework [hóumwə̀ːrk] 숙제

minute [mínit] 분

favorite [féivərit] 제일 좋아하는

start [staːrt] 시작하다

1. 다음 단어로 문장을 만들어 쓰고 말해 봐요.

(1) season, spring, is, My, favorite (내가 제일 좋아하는 계절은 봄이야.)
→ _____

(2) coke, soda, favorite, Our, is (우리가 제일 좋아하는 음료수는 콜라야.)
→ _____

(3) month, September, Their, favorite, is (그 애들이 제일 좋아하는 달은 9월이야.)
→ _____

★★★   (1) My favorite season is spring.   (2) Our favorite soda is coke.
(3) Their favorite month is September.

2. 다음을 친구와 함께 말해 봐요. (서로 순서를 바꿔 말해 봐요.)

A   What is your favorite game?   제일 좋아하는 게임이 뭐니?

B   My favorite game is Starcraft.   내가 제일 좋아하는 게임은 스타크래프트야.

A   Me, too. Let's play the game.   나도 그래. 우리 그 게임하자.

A   My favorite month is September.   내가 제일 좋아하는 달은 9월이야.

B   Why?   왜?

A   Because my birthday is September the first.   왜냐하면 내 생일이 9월 1일이거든.

톡톡 튀는 단어

- **What** [hwɑt] 무엇
- **Let's** [lets] ~하자
- **month** [mʌnθ] 달
- **because** [bikɔ́ːz] 왜냐하면
- **September the first** 9월 1일

- **too** [tuː] 또 / 역시
- **play** [plei] 놀다 / 게임, 운동 등을 하다
- **why** [hwai] 왜
- **birthday** [bə́ːrθdèi] 생일

1. 영어는 우리말로, 우리말은 영어로 고쳐 써 보고, 말해 봐요.

(1) What time is it now?

➔ _____

(2) It is half past six.

➔ _____

(3) 칫솔질해라. 여덟 시 반이야.

➔ _____

(4) 숙제할 시간이야.

➔ _____

★★★ (1) 지금 몇 시니? (2) 여섯 시 반이야. (3) Brush your teeth. It's half past eight.
(4) It's time to do your homework.

2. 영어 단어는 한국말로, 한국말은 영어 단어로 써 보고, 읽어 봐요.

(1) time _____ (2) thirty _____

(3) minute _____ (4) half _____

(5) past _____ (6) 정오 / 한낮 _____

(7) 시작하다 _____ (8) 서두르다 _____

(9) 시계 _____ (10) 시작하다 _____

★★★ (1) 시간 (2) 30 / 서른 (3) 분 (4) 반 (5) 지난 (6) noon (7) begin (8) hurry (9) watch (10) start

17 Did you brush your teeth?

너 양치질 했니?

우리가 잠자리에 들기 전에 엄마가 꼭 물어보시는 게 한 가지 있죠. "너 양치질했니?"라고요. 그럴 땐 영어로 뭐라고 할까요? "Did you brush your teeth?"라고 한답니다. Did you~ 뒤에 '이를 닦다'는 뜻의 'brush your teeth'를 붙여서 이를 닦았냐고 물어보는 문장을 만드는 거예요. did는 이미 한 일을 묻는 말의 맨 앞에 붙이는 단어니까, 누군가가 did로 질문을 시작하면, 내가 무엇을 했는지 묻는 말이라고 생각하면 돼요. 물론 'Did~' 뒤에 오는 대상을 'he, she, they' 등으로 바꾸어 넣어서 앞에 있는 사람뿐 아니라 그 남자애, 그 여자애, 그 애들이 어떤 일을 했는지 물어볼 수도 있어요. 또 무엇을 했는지 여러 가지 궁금하겠죠? 그러면 'have lunch', 'see a movie', 'take notes' 등을 붙여서 점심을 먹었는지, 영화를 봤는지, 필기를 했는지를 물어볼 수 있어요. 이제 엄마가 물어보시기 전에 양치질 마치고 먼저 가서 엄마께 여쭤 봐요. "Did you brush your teeth?"라고요. 그러면 엄마가 굉장히 대견해 하실 거예요.

톡톡 튀는 단어

- **Did you ~ ?** 너 ~했니?
- **teeth** [ti:θ] 이(tooth의 복수형)
- **brush** [brʌʃ] 칫솔질하다
- **see** [si:] 보다

? 무엇을 했어요?

Did you [he / she / they] + 동사~
제일 좋아하는 것은 ~이야

제일 좋아하는 사람이나 사물을 말하고 싶을 때 영어로는 어떻게 표현하면
될까요? 여러 가지 상황을 상상해 보면서 영어로 직접 말해 봐요!

Did you brush your teeth?
너 양치질 했니?

Did you have lunch at noon?
너 12시에 점심 먹었어?

Did you take notes in the class?
너 수업 시간에 필기했어?

Did you take notes in the class?

Did she work hard?
그 여자애는 열심히 공부했어?

Did she wear jeans?
그 여자애는 청바지를 입었어?

Did she live in London?
그 여자애는 런던에 살았어?

단어가
반짝반짝

- at noon [ǽt núːn] 12시에
- work [wəːrk] 일하다 / 공부하다
- wear [wɛər] 입다
- live [liv] 살다

- take notes [tèik nóuts] 필기하다
- hard [haːrd] 열심히
- jeans [dʒíːnz] 청바지(jean의 복수형)
- London [lʌ́ndən] 런던(영국에 있는 도시 이름)

Did he send an email?
그 남자애는 이메일을 보냈어?

Did he speak loudly?
그 남자애는 크게 말했어?

Did he wait for you?
그 남자애는 널 기다려줬어?

 Did they see the full moon?
그 애들은 보름달 봤어?

Did they catch the train?
그 애들은 기차를 잡았어?

Did they get up early?
그 애들은 일찍 일어났어?

 Did it help your stomachache?
그게 너 배 아픈데 도움이 좀 됐어?

Did Frank go mountain climbing?
프랭크는 등산 갔어?

Did the man look happy?
그 남자는 행복해 보였어?

단어가
반짝반짝

- **send** [send] 보내다
- **wait** [weit] 기다리다
- **catch** [kætʃ] 잡다
- **stomachache** [stʌ́məkèik] 위통 / 배가 아픔
- **mountain** [máuntən] 산

- **loudly** [láudli] 크게
- **the full moon** 보름달
- **early** [ə́ːrli] 일찍
- **climbing** [kláimiŋ] 등산

오늘 무슨 요일이니?

3개의 대화 장면이 있어요. 지금 다들 어떤 상황에서 무슨 말을 나누고 있는 걸까요? 하나하나 살펴보면서 큰소리로 따라 해 봐요. 친구나 부모님과 함께 하면 더욱 재미있게 할 수 있어요. 준비~ 시작!

Which day do you like best?
무슨 요일을 제일 좋아하니?

I like Saturday best.
토요일이 제일 좋아.

Why do you like it?
왜 그날을 좋아하니?

I feel free on Saturday.
토요일에는 자유로워.

I feel free on Saturday.

- like best [làik bést] 제일 좋아하다
- feel [fiːl] 기분을 느끼다
- on [ɑn] ~에
- bookstore [búkstɔ̀ːr] 서점
- Sunday [sʌ́ndei] 일요일
- Wednesday [wénzdei] 수요일
- Friday [fráidei] 금요일
- Saturday [sǽtərdei] 토요일
- free [friː] 자유로운
- Monday [mʌ́ndei] 월요일
- next [nekst] 다음에
- Tuesday [tjúːzdei] 화요일
- Thursday [θə́ːrzdei] 목요일

What will you do on Monday?
월요일에 뭐 할 거니?

I will go to the bookstore.
서점에 갈 거야.

**What will you do
next Sunday?**
다음 일요일에는 뭐 할 거니?

I'll go shopping with my mom.
엄마랑 쇼핑갈 거야.

What day is it today?
오늘 무슨 요일이니?

It's Tuesday.
화요일이야.

**I don't like Wednesday
and Thursday.**
난 수요일과 목요일이 싫어.

I like Friday best.
난 금요일이 제일 좋아.

? 요일

> 일상생활에서 자주 접하게 되는 것 중에 하나가 요일에 관한 대화예요.
> 요일을 묻고 대답하는 표현에는 어떤 것들이 있을까요? 여러 표현들을 배워
> 서 영어로 직접 말해 봐요.

큰 소리로 말해 봐요.

What day is it today?
오늘 무슨 요일이니?

It is Monday.
월요일이야.

Today is Tuesday.
오늘은 화요일이야.

I like Friday best.
나는 금요일이 제일 좋아.

What did you do last weekend?
지난 주말에 뭐 했니?

What will you do next weekend?
다음 주말에 뭐 할 거니?

쑥쑥 크는 **단어**장

last weekend 지난 주말

this weekend 이번 주말

next weekend 다음 주말

What day do you go shopping?
무슨 요일에 쇼핑 가니?

What day do you clean the bathroom?
무슨 요일에 화장실 청소하니?

I feel free on Saturday.

What day did you do homework?
무슨 요일에 숙제 했니?

What day did you go to the zoo?
무슨 요일에 동물원에 갔니?

On Wednesday.
수요일에.

What date is it today?
오늘은 며칠이니?

It is November the fourteenth.
11월 14일이야.

When did you have an exam?
언제 시험 봤니?

When will you go to the library?
언제 도서관 갈 거니?

On December the fifteenth.
12월 15일에.

쑥쑥 크는 단어장

January [dʒǽnjuèri] 1월

February [fébruèri] 2월

March [mɑːrtʃ] 3월

April [éiprəl] 4월

May [mei] 5월

June [dʒuːn] 6월

July [dʒuːlái] 7월

August [ɔ́ːgʌst] 8월

September [septémbər] 9월

October [ɑktóubər] 10월

November [nouvémbər] 11월

December [disémbər] 12월

 배운 것을 기억하고 있나요?

1. 다음 단어로 문장을 만들어 쓰고 말해 봐요.

(1) have, lunch, you, Did, at, noon (너 12시에 점심 먹었어?)

➡ _____

(2) wear, jeans, she, Did (그 여자애 청바지 입었어?)

➡ _____

(3) speak, loudly, Did, he (그 남자애는 크게 말했어?)

➡ _____

★ ★ ★　　(1) Did you have lunch at noon?　(2) Did she wear jeans?　(3) Did he speak loudly?

2. 다음을 친구와 함께 말해 봐요. (서로 순서를 바꿔 말해 봐요.)

A　Did you see a movie yesterday?　　　어제 영화 봤니?

B　No, I didn't.　　　　　　　　　　아니, 안 봤어.

A　Then what did you do?　　　　　　그러면 뭐 했니?

A　Yesterday was Chusuk.　　　　　　어제는 추석이었어.

B　Did you see the full moon?　　　　보름달 봤니?

A　Of course. I made a wish, too.　　물론이지, 난 소원도 빌었어.

 톡톡 튀는 단어 ～～～～～～～～～～～～

- yesterday [jéstərdèi] 어제
- no [nou] 아니 / 싫어
- didn't [didnt] ~않았다 (did not의 줄임말, did는 do의 과거형)
- then [ðen] 그러면
- what [hwat] 무엇
- made [meid] 만들었다 (make의 과거형)
- wish [wiʃ] 소원 / 소망
- too [tuː] 또 / 역시

1. 영어는 우리말로, 우리말은 영어로 고쳐 써 보고, 말해 봐요.

(1) Which day do you like best?

➜ _____

(2) What day is it today?

➜ _____

(3) 월요일에 뭐 할 거니?

➜ _____

(4) 오늘은 며칠이니?

➜ _____

★★★　(1) 무슨 요일을 제일 좋아하니?　(2) 오늘 무슨 요일이니?　(3) What will you do on Monday?
(4) What date is it today?

2. 영어 단어는 한국말로, 한국말은 영어 단어로 써 보고, 읽어 봐요.

(1) feel _____ (2) free _____

(3) bookstore _____ (4) Tuesday _____

(5) Wednesday _____ (6) 목요일 _____

(7) 1월 _____ (8) 2월 _____

(9) 8월 _____ (10) 12월 _____

★★★　(1) 기분을 느끼다　(2) 자유로운　(3) 서점　(4) 화요일　(5) 수요일　(6) Thursday　(7) January
(8) February　(9) August　(10) December

18 I'm going to be a doctor.
나는 의사가 될 거야.

친구가 숙제를 끝내면 무엇을 할 건지 물어봅니다. 저녁을 먹을 건데 영어로 어떻게 말해야 할지 잘 모르겠다고요? 'I'm going to~' 뒤에 앞으로 하려고 했던 내용을 붙여 말하면 돼요. '저녁 먹다'를 말하고 싶으면 'have supper'를 붙여 말하면 되지요. 합쳐서 말해볼까요? "I'm going to have supper."라고 하면 돼요. 'going'이 어디에 간다는 뜻의 'go'와 다른 거냐고요? 네, 여기서는 '간다'는 뜻은 없어요. 그냥 통째로 'I'm going to~'는 '~할 예정이야, ~할 계획이야'라고 외워 두세요. 또 어른이 되면 어떤 일을 하고 싶다는 것처럼 먼 미래에 할 일을 이야기할 때도 이런 표현을 써요. 만약 커서 의사가 되고 싶다면 "I'm going to be a doctor."이라고 말하면 되겠죠. 여러분, 영어 공부가 끝난 후에는 무엇을 할 거예요? 텔레비전을 볼 거라고요? 그러면 "I'm going to watch TV."라고 하면 돼요. 그리고 내년에는 어떤 일을 할 생각이에요? 일본에 간다고요? 그러면 "I'm going to go to Japan."이라고 하면 된답니다. 자, 큰 소리로 자신의 계획을 말해 볼까요?

톡톡 튀는 단어

- I'm going to ~ 나는 ~할 거야
- supper [sápər] 저녁식사
- doctor [dáktər] 의사
- watch [wɑtʃ] 보다

영어 표현 배우기

? **뭔가를 할 거예요.**

I'm going to + 동사 ~
나는 ~할 거야

자신이나 누군가가 무엇을 앞으로 할 건지 말하고 싶을 때 영어로는 어떻게
표현하면 될까요? 여러 가지 상황을 상상해 보면서 영어로 직접 말해 봐요!

I'm going to have supper.
나는 저녁을 먹을 거야.

I'm going to write a novel.
나는 소설을 쓸 거야.

I'm going to marry Jay.
나는 제이랑 결혼할 거야.

I'm going to buy a new dress.
나는 새 드레스를 살 거야.

I'm going to go bowling.
나는 볼링 치러 갈 거야.

I'm going to take a vacation.
나는 휴가를 갈 거야.

단어가
반짝반짝

- have[hæv] 먹다 / 가지다
- novel[návəl] 소설
- buy[bai] 사다
- take a vacation[téik ə veikéiʃən] 휴가 가다
- write[rait] 쓰다
- marry[mǽri] 결혼하다
- dress[dres] 드레스 / 옷

We're going to eat out this evening.
우리는 오늘 저녁 외식할 거야.

We're going to buy a new computer.
우리는 새 컴퓨터를 살 거야.

We're going to go to Japan.
우리는 일본에 갈 거야.

We're going to eat out today.

They're going to keep quiet.
그들은 조용히 있을 거야.

They're going to play hide-and-seek.
그들은 숨바꼭질을 할 거야.

They're going to park the car.
그들은 차를 주차시킬 거야.

My father is going to play golf.
우리 아빠는 골프를 칠 거야.

Susan is going to take the subway.
수잔은 지하철을 탈 거야.

Jeff is going to take photographs.
제프가 사진을 찍을 거야.

I'm going to catch you.

I'm playing hide-and-seek.

단어가 반짝반짝

- eat out [íːt áut] 외식하다
- Japan [dʒəpǽn] 일본
- play hide-and-seek 숨바꼭질 하다
- play golf 골프치다
- take photographs [téik fóutəgrǽfs] 사진을 찍다
- this evening [ðis íːvniŋ] 오늘 저녁
- keep quiet [kíːp kwáiət] 조용히 하다
- park [pɑːɾk] 주차하다
- take the subway 지하철을 타다

무슨 계절이 제일 좋니?

3개의 대화 장면이 있어요. 지금 다들 어떤 상황에서 무슨 말을 나누고 있는 걸까요? 하나하나 살펴보면서 큰소리로 따라 해 봐요. 친구나 부모님과 함께 하면 더욱 재미있게 할 수 있어요. 준비~ 시작!

1

What's your favorite season?
어느 계절을 가장 좋아하니?

I like fall best.
나는 가을을 제일 좋아해.

Really? Winter is my favorite season.
정말? 내가 제일 좋아하는 계절은 겨울이야.

I don't like cold weather.
나는 추운 날씨를 좋아하지 않아.

단어가 반짝반짝

- season [síːzn] 계절
- summer [sʌ́mər] 여름
- winter [wíntər] 겨울
- cold [kould] 추운
- rain [rein] 비 / 비가 오다
- fine [fain] 맑은

- spring [spriŋ] 봄
- fall [fɔːl] 가을
- weather [wéðər] 날씨
- cloudy [kláudi] 구름 낀 / 흐린
- snow [snou] 눈 / 눈이 오다
- sunny [sʌ́ni] 화창한

What's the weather like?
날씨가 어때?

It's getting very cloudy.
날씨가 잔뜩 흐려지고 있어.

Do you think it will rain?
비가 올 것 같니?

No, it looks like it will snow.
아니, 눈이 올 것 같아.

It's a fine day, isn't it?
날씨 좋다, 그렇지 않니?

Yes, it is.
응, 그래.

I love sunny days.
난 화창한 날을 좋아해.

Me, too.
나도 그래.

생활 영어 표현 배우기

? 계절 / 날씨

일상생활에서 자주 접하게 되는 것 중에 하나가 계절이나 날씨에 관한 대화예요. 이와 관련된 여러 표현들을 배워서 영어로 직접 말해 봐요.

큰 소리로 말해 봐요.

What's your favorite season?
어느 계절을 가장 좋아하니?

My favorite season is summer.
좋아하는 계절은 여름이야.

What's the weather like?
날씨는 어때?

It looks like rain.
비가 올 것 같아.

It's raining.
비가 오고 있어.

It's pouring outside.
밖에 비가 억수같이 오고 있어.

쑥쑥 크는 단어장

season [síːzn] 계절

summer [sʌ́mər] 여름

weather [wéðər] 날씨

look like [lúk làik] ~일 것 같다

raining [réiniŋ] 비가 오는

pouring [pɔ́ːriŋ]
비가 억수같이 쏟아지는

outside [áutsàid] 밖에

How's the weather there?
거기 날씨는 어때?

What's the temperature today?
오늘 기온은 몇 도니?

It's a scorcher today.
오늘은 푹푹 찌는군.

It's very hot and humid, isn't it?
정말 무덥지, 그렇지 않니?

It's really freezing outside.
밖은 정말 추워.

It's cloudy.
날씨가 흐려.

쑥쑥 크는 단어장

temperature [témpərətʃər] 온도

scorcher [skɔ́:rtʃər] 몹시 더운 날

hot [hɑt] 더운

humid [hjú:mid] 습기 있는

freezing [frí:ziŋ] 얼어붙게 추운

It's windy.
바람 부는 날이야.

windy [wíndi] 바람 부는

always [ɔ́:lweiz] 언제나

Sunny days always cheer me up.
화창한 날에는 언제나 기분이 좋아.

cheer [tʃiər] 기분을 북돋우다

I hate rain.
나는 비를 싫어해.

hate [heit] 싫어하다

stand [stænd] 참다 / 견디다

I can't stand this kind of weather.
이런 날씨는 정말 참을 수가 없어.

배운 것을 기억하고 있나요?

1. 다음 단어로 문장을 만들어 쓰고 말해 봐요.

(1) buy, computer, a, to, new, We're, going (우리는 새 컴퓨터를 살 거야.)

➜ _____

(2) keep, to, quiet, going, They're (그들은 조용히 있을 거야.)

➜ _____

(3) park, car, the, going, to, They're (그들은 차를 주차시킬 거야.)

➜ _____

★★★　(1) We're going to buy a new computer.　(2) They're going to keep quiet.
(3) They're going to park the car.

2. 다음을 친구와 함께 말해 봐요. (서로 순서를 바꿔 말해 봐요.)

A　Do you love your boyfriend?　　　　너 남자친구 좋아하니?

B　Yes, I do. I'm going to marry him.　　응, 그래. 난 그 애와 결혼할 거야.

A　Really? Congratulations!　　　　　정말? 축하해.

A　What are you going to do during vacation? 방학 동안 뭐 할 거니?

B　I'm going to visit my grandfather.　　할아버지한테 갈 거야.

A　Oh, I envy you.　　　　　　　　　오우, 부럽다.

 **톡톡**튀는 **단어**

- love [lʌv] 사랑하다 / 좋아하다
- marry [mǽri] 결혼하다
- Congratulations! [kəngrætʃuléiʃənz] 축하해!
- during vacation 방학 동안
- my grandfather 나의 할아버지
- your boyfriend 너의 남자친구
- really [ríːəli] 정말로
- do [duː] 하다
- visit [vízit] 방문하다
- envy [énvi] 부럽다

1. 영어는 우리말로, 우리말은 영어로 고쳐 써 보고, 말해 봐요.

(1) What's your favorite season?

➔ _____

(2) What's the weather like?

➔ _____

(3) 비가 올 것 같니?

➔ _____

(4) 밖은 정말 추워.

➔ _____

★★★ (1) 어느 계절을 가장 좋아하니? (2) 날씨가 어때? (3) Do you think it will rain? (4) It's really freezing outside.

2. 영어 단어는 한국말로, 한국말은 영어 단어로 써 보고, 읽어 봐요.

(1) season _____

(2) spring _____

(3) winter _____

(4) weather _____

(5) cloudy _____

(6) 눈 / 눈 오다 _____

(7) 화창한 _____

(8) 습기 있는 _____

(9) 바람 부는 _____

(10) 싫어하다 _____

★★★ (1) 계절 (2) 봄 (3) 겨울 (4) 날씨 (5) 구름 낀 / 흐린 (6) snow
(7) sunny (8) humid (9) windy (10) hate

19 I feel like drinking water.
나 물 마시고 싶어.

"나 물 마시고 싶어."라고 말할 땐 "I feel like drinking water."라고 말해요. 'I feel like~'는 '나는 ~하고 싶어'라는 뜻이고, 그 뒤에는 하고 싶은 행동을 나타내는 동사를 붙여 쓰면 돼요. 여기에서는 '마시다'를 뜻하는 'drink'에다가 '-ing'를 붙이면 맞는 표현이 된답니다. 갑자기 뭐가 먹고 싶을 때, 어디에 가고 싶을 때, 또는 무엇이 하고 싶을 때 모두 이 표현을 쓸 수 있어요. 어떻게 말하면 되는지 한번 연습해 볼까요? "나는 초콜릿을 먹고 싶어."는 "I feel like having chocolate."라고 하면 돼요. "나는 에버랜드에 가고 싶어."는 "I feel like going to Everland."라고 하면 돼요. 너무 더운 여름날 찬물을 마셔도 더위가 가시지 않을 때 여러분은 무엇이 하고 싶어지나요? 바다나 수영장에 첨벙 뛰어들어 수영하고 싶어지죠? 그럴 땐 이렇게 말해 봐요. "I feel like swimming." 간단하죠? 자, 이제 배웠으니까 뭐든지 하고 싶은 일이 있으면 주저하지 말고 영어로 큰 소리로 말해요. 지금 제일 하고 싶은 말이 "I feel like studying English." 맞죠?

톡톡 튀는 단어

- **I feel like ~** 나는 ~하고 싶어
- **water** [wɔ́:tər] 물
- **drinking** [dríŋkiŋ] 마시는
- **going** [góuiŋ] 가는

? 뭔가를 하고 싶어요.

I feel like + -ing
나는 ~하고 싶어

뭔가를 기대하거나 하고 싶은 일이 있을 때 영어로는 어떻게 표현하면
될까요? 여러 가지 상황을 상상해 보면서 영어로 직접 말해 봐요!

I feel like drinking water.
물 마시고 싶어.

I feel like having a snowball fight.
눈싸움 하고 싶어.

I feel like having some snacks.
과자 좀 먹고 싶어.

> I feel like drinking water.

> I feel like having a fresh fish.

We feel like going to the park.
우리는 공원에 가고 싶어.

We feel like getting up late.
우리는 늦잠 자고 싶어.

We feel like having chocolate.
우리는 초콜릿 먹고 싶어.

단어가
반짝반짝

- I feel like~ 나는 ~하고 싶다
- water [wɔ́ːtər] 물
- having [hǽviŋ] 먹는
- part [pɑːrk] 공원
- drinking [dríŋkiŋ] 마시는
- having a snowball fight 눈싸움하는
- snacks [snǽks] 과자(snack의 복수형)
- chocolate [tʃɑ́kələt] 초콜릿

We feel like going to Everland.
우리는 에버랜드에 가고 싶어.

We feel like wearing blue shirts.
우리는 파란 셔츠를 입고 싶어.

We feel like making friends with her.
우리는 그 여자애와 친구하고 싶어.

I feel like getting up late.

My mother feels like eating out tonight.
우리 엄마는 오늘 저녁 외식하고 싶어해.

Lucy feels like going out with the boy.
루씨는 그 남자애랑 데이트하고 싶어해.

Jason feels like playing baseball.
제이슨은 야구를 하고 싶어해.

Hi
I feel like going down right now.

Amy feels like changing her hairstyle.
에이미는 헤어스타일을 바꾸고 싶어해.

David feels like having milk and a sandwich.
데이빗은 우유와 샌드위치를 먹고 싶어해.

My parents feel like selling the apartment.
우리 부모님은 아파트를 팔고 싶어해.

단어가 반짝반짝

- **wearing** [wɛ́əriŋ] 입다(wear의 현재분사형)
- **going out** 외출하다(데이트하다)
- **selling** [séliŋ] 팔다(sell의 현재분사형)
- **changing her hairstyle** 머리모양을 바꾸다
- **making friends** 친구 사귀다(make의 현재분사형)
- **playing baseball** 야구를 하다(play의 현재분사형)

알콩달콩 생활 회화

? 여보세요?

3개의 대화 장면이 있어요. 지금 다들 어떤 상황에서 무슨 말을 나누고 있는 걸까요? 하나하나 살펴보면서 큰소리로 따라 해 봐요. 친구나 부모님과 함께 하면 더욱 재미있게 할 수 있어요. 준비~ 시작!

1

Hello? This is Dong-ho.
여보세요? 동호예요.

Hi, Dong -ho.
안녕, 동호.

May I speak to Lina?
리나와 통화할 수 있어요?

Hold on, please.
기다리렴.

단어가 반짝반짝

- speak [spiːk] 말하다
- right now [ráit náu] 지금
- think [θiŋk] 생각하다
- number [nʌ́mbər] 번호 / 숫자

- hold [hould] 갖고 있다
- again [əgén] 다시
- wrong [rɔːŋ] 잘못된 / 틀린
- problem [prɑ́bləm] 문제

I'd like to speak to Dong-ho, please.
동호와 통화하고 싶어요.

He's not here right now.
동호는 지금 여기 없어.

I'll call again later.
나중에 다시 걸게요.

May I ask who's calling?
누군지 물어 봐도 되겠니?

Could I speak to Bee?
비와 통화하고 싶은데요?

I think you have the wrong number.
전화 잘못 건 것 같은데요.

Oh, I'm so sorry.
오, 정말 미안해요.

No problem.
괜찮아요.

생활 영어 표현 배우기

? 전화

일상생활에서 자주 접하게 되는 것 중에 하나가 전화로 통화하는 거예요. 전화를 걸거나 받을 때 하게 되는 여러 표현들을 배워서 영어로 직접 말해 봐요.

May I speak to Don-geon?
동건이 좀 바꿔 주시겠어요?

I'd like to speak to Hyori.
효리와 통화하고 싶어요.

This is she speaking.
전데요.

Who's calling?
누구예요?

He's not here.
그는 여기 없어요.

She is on another line.
그녀는 다른 전화를 받고 있어요.

쑥쑥 크는 단어장

May I ~ ? ~해 주겠어요?

I'd like to ~ 나는 ~하고 싶다
(I would like to의 줄임말)

speaking [spíːkiŋ] 말하고 있는

who [huː] 누구

calling [kɔ́ːliŋ] 전화하고 있는

another line [ənʌ́ðər láin]
다른 전화

Hold the line, please.
끊지 말고 기다려요.

Hold on a minute, please.
잠시만 기다려요.

There's no Yu-ri here.
여기 유리라는 사람은 없어요.

You have the wrong number.
전화 잘못 걸었어요.

May I take a message?
메모 남기겠어요?

May I leave a message?
메모 부탁해도 될까요?

Could you call back later?
나중에 다시 전화해 주겠어요?

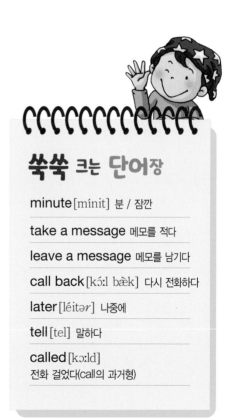

쑥쑥 크는 단어장

minute [mínit] 분 / 잠깐

take a message 메모를 적다

leave a message 메모를 남기다

call back [kɔ́:l bæ̀k] 다시 전화하다

later [léitər] 나중에

tell [tel] 말하다

called [kɔ:ld]
전화 걸었다(call의 과거형)

I'll call again later.
나중에 다시 전화할게요.

Can I tell him who called?
누구한테서 전화 왔다고 전해 줄까요?

Please, tell her Eric called.
에릭이 전화했었다고 전해 주세요.

배운 것을 기억하고 있나요?

1. 다음 단어로 문장을 만들어 쓰고 말해 봐요.

(1) having, some, snacks, like, feel, I (과자 좀 먹고 싶어.)

➜ _____

(2) eating, out, tonight, My mother, like, feels (우리 엄마는 오늘 저녁 외식하고 싶어해.)

➜ _____

(3) selling, My parents, feel, like, the, apartment (우리 부모님은 아파트를 팔고 싶어해.)

➜ _____

* * *　(1) I feel like having some snacks. (2) My mother feels like eating out tonight.
(3) My parents feel like selling the apartment.

2. 다음을 친구와 함께 말해 봐요. (서로 순서를 바꿔 말해 봐요.)

A	Isn't it hot?	덥지 않니?
B	Yeah, have something cold.	응, 차가운 것을 먹자.
A	It doesn't help. I feel like going swimming.	그건 별 도움이 안돼. 나는 수영하러 가고 싶어.
A	I'm hungry.	배고파.
B	Me, too. Why don't we have some snacks?	나도 그래. 우리 과자 좀 먹을까?
A	OK. I feel like having some sandwiches.	좋아. 나는 샌드위치를 좀 먹고 싶어.

톡톡 튀는 단어

- Isn't it ~ ?　~ 하지 않니?(Is not it~의 줄임말)
- yeah 응 / 그래 / 맞아(yes와 같은 의미)
- It doesn't~ 그건 ~ 않다(It does not~의 줄임말)
- hungry [háŋgri] 배고픈
- hot [hɑt] 더운
- something cold [sʌ́mθiŋ kóuld] 차가운 것
- Why don't we~ ? 우리 ~할까?

1. 영어는 우리말로, 우리말은 영어로 고쳐 써 보고, 말해 봐요.

(1) Hello? This is Dong-ho.

➜ _____

(2) May I speak to Lina?

➜ _____

(3) 누군지 물어 봐도 되겠니?

➜ _____

(4) 그녀는 다른 전화를 받고 있어요.

➜ _____

★ ★ ★   (1) 여보세요? 동호예요.   (2) 리나와 통화할 수 있어요?   (3) May I ask who's calling?   (4) She is on another line.

2. 영어 단어는 한국말로, 한국말은 영어 단어로 써 보고, 읽어 봐요.

(1) speak   _____   (2) hold   _____

(3) again   _____   (4) think   _____

(5) number   _____   (6) 누구   _____

(7) 다른 전화   _____   (8) 다시 전화하다   _____

(9) 나중에   _____   (10) 말하다   _____

★ ★ ★   (1) 말하다 (2) 갖고 있다 (3) 다시 (4) 생각하다 (5) 번호 / 숫자
(6) who (7) another line (8) call back (9) later (10) tell

20 What is this?
이것은 뭐야?

　내일은 동생의 생일. 매일 티격태격 싸우긴 하지만, 그래도 하나밖에 없는 동생이니 생일 선물을 사 줘야 되겠죠? 일단 선물 가게부터 가보긴 했는데, 종류가 너무 다양하고 그동안 보지 못했던 새로운 것들도 많이 나와서 무엇을 사야할지 참 고민이 되네요. 자, 이럴 땐, 가게에서 일하고 있는 사람에게 물어보는 것이 제일 쉽고 빠른 방법이랍니다. "이것은 무엇입니까?"는 영어로 "What is this?"라고 해요. 줄여서는 "What's this?"라고도 해요. 이때 "이것은 선풍기입니다."라고 대답하고 싶으면, "This is a fan."이라고 하면 돼요. 요즘 손에 들고 다닐 수 있는 휴대용 미니 선풍기를 팔더라고요. 만약에 처음 보는 인형이 있다면, 인형의 이름을 어떻게 물어보면 좋을까요? "What is the name of the doll?"이라고 하면 돼요. 흠, 너무 비싼 건 살 수 없으니 가격도 알아야 되겠죠? "이것의 가격은 얼마예요?"는 "How much is this?"라고 물어보면 돼요. "이것은 3,000원입니다."라고 대답한다면, 숫자 3은 three, 1,000은 thousand이니까 "This is three thousand won."이라고 하면 돼요. 자, 이제 영어로 물건을 살 수 있겠죠?

① What is ~ ?/This[That, These, Those] is/are ~

톡톡튀는 단어

- What is ~ ? ~은 무엇입니까?
- How much ~ ? ~은 얼마입니까?
- This is ~ 이것은 ~이다
- thousand [θáuzənd] 천

영어 표현 배우기

 이것은 무엇이에요?

> ~은 무엇이니? / 이것[저것, 이것들, 저것들]은 ~이야
> **How much is~?/This[That, These, Those] is/are ~**
> ~은 얼마니? / 이것[저것, 이것들, 저것들]은 얼마야
>
> 이것이 무엇인지 알고 싶거나 답해 줄 때, 얼마인지를 물어보고 답할 때 영어로는 어떻게 표현하면 될까요? 여러 가지 상황을 상상해 보면서 영어로 직접 말해봐요!

 What is this?
이것은 무엇입니까?

This is a fan.
이것은 선풍기입니다.

What is the name of the doll?
인형의 이름은 무엇이에요?

 What are these?
이것들은 무엇입니까?

What is that?
저것은 무엇입니까?

What are those?
저것들은 무엇입니까?

 단어가 반짝반짝

- **What**[hwat] 무엇
- **name**[neim] 이름
- **these**[ðiːz] 이것들(this의 복수형)
- **those**[ðouz] 저것들(that의 복수형)
- **fan**[fæn] 선풍기
- **doll**[dɑl] 인형
- **that**[ðæt] 저것

How much is this?
이것은 얼마입니까?

This is two hundred won.
이것은 200원 입니다.

This is one thousand and five hundred won.
이것은 1,500원 입니다.

What is that?

 How much is that?
저것은 얼마입니까?

That is nine hundred and ninety won.
저것은 990원 입니다.

That is thirty thousand won.
저것은 3만원 입니다.

How much are these?

This is fun.

 How much are these?
이것들은 얼마입니까?

How much are those?
저것들은 얼마입니까?

Those are twenty-seven thousand won.
저것들은 27,000원 입니다.

단어가
반짝반짝

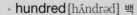

- hundred [hʌ́ndrəd] 백
- two hundred won 200원
- nine hundred and ninety won 990원
- one thousand and five hundred won 1,500원
- thirty thousand won 3만원
- twenty-seven thousand won 27,000원

알콩달콩 생활 회화

 여기가 어디에요?

3개의 대화 장면이 있어요. 지금 다들 어떤 상황에서 무슨 말을 나누고 있는 걸까요? 하나하나 살펴보면서 큰소리로 따라 해 봐요. 친구나 부모님과 함께 하면 더욱 재미있게 할 수 있어요. 준비~ 시작!

**Excuse me,
but I have a question.**
실례지만, 말씀 좀 묻겠어요.

**Sure. What would you
like to know?**
네. 무슨 일이에요?

I don't know where I am.
여기가 어딘지 몰라서요.

You are near City Bank.
씨티은행 근처예요.

> I don't know where I am.

 단어가 반짝반짝

- excuse[ikskjúːz] 용서하다
- question[kwéstʃən] 질문
- where[hwɛər] 어디에
- bus terminal 버스정류장
- far[fɑːr] 먼
- stranger[stréindʒər] 낯선 사람
- lost[lɔːst] 잃은
- know[nou] 알다
- near[niər] 가까운
- go straight 곧장 가다
- from[frəm] ~으로부터
- afraid[əfréid] 두려운 / 무서운
- another[ənʌ́ðər] 다른

Can you tell me where the bus terminal is?
버스정류장이 어디 있는지 알려 주겠어요?

Just go straight.
곧장 앞으로 가세요.

Is it far from here?
여기서 먼가요?

No, it takes five minutes on foot.
아니오, 걸어서 5분 걸려요.

Excuse me, could you tell me where I am?
실례지만, 여기가 어디에요?

Sorry, but I'm a stranger here, too.
저도 이곳이 처음이에요.

I'm afraid I'm lost.
길을 잃은 것 같아요.

You'll have to ask someone else.
다른 사람에게 물어 봐야겠네요.

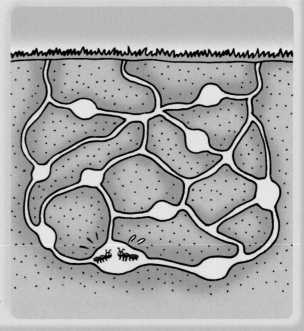

생활 영어 표현 배우기

? 길찾기

일상생활에서 자주 접하게 되는 것 중에 하나가 길을 묻는 거예요. 길이나 장소를 묻거나 대답해 줄 때 하게 되는 여러 표현들을 다양하게 배워서 영어로 직접 말해 봐요.

큰 소리로 말해 봐요.

Excuse me, could you tell me where I am?
실례지만, 여기가 어디예요?

We're on Chungmuro.
여기는 충무로예요.

How can I get there?
거기에 어떻게 가면 돼요?

I'm a stranger here.
저는 이곳이 처음이에요.

I'm afraid I'm lost.
길을 잃은 것 같아요.

You can't miss it.
꼭 찾을 거예요.

쑥쑥 크는 단어장

get[get] 가다

there[ðɛər] 거기에

here[hiər] 여기에

lost[lɔːst] 길을 잃은

miss[mis] 놓치다

How can I get to the bus terminal?
버스터미널에 어떻게 가면 돼요?

How often does the bus run?
그 버스는 자주 다녀요?

I'm looking for a gas station.
주유소를 찾고 있어요.

Could you show me the way to the station?
역으로 가는 길을 알려 주겠어요?

How long does it take to get there?
거기 가는데 얼마나 걸려요?

How far is it?
얼마나 멀어요?

Is it near here?
여기서 가까워요?

Is it far from here?
여기서 멀어요?

Can I walk there?
거기에 걸어서 갈 수 있어요?

It's too far to walk.
걷기에는 너무 멀어요.

쑥쑥 크는 단어장

how often [háu ɔ́:fən]
얼마나 자주

looking for [lúkiŋ fər]
~을 찾고 있는

gas station [ɡǽs stéiʃən] 주유소

show [ʃou]
보여 주다 / 가르쳐 주다

way [wei] 길

station [stéiʃən] 역

how long [háu lɔ́:ŋ] 얼마나 긴

how far [háu fáːr] 얼마나 먼

walk [wɔːk] 걷다

배운 것을 기억하고 있나요?

1. 다음 단어로 문장을 만들어 쓰고 말해 봐요.

(1) fan, a, is, This (이것은 선풍기입니다.)

➡ _____

(2) much, is, this, How (이것은 얼마입니까?)

➡ _____

(3) thirty thousand , is, That, won (저것은 3만 원 입니다.)

➡ _____

★ ★ ★　(1) This is a fan.　(2) How much is this?　(3) That is thirty thousand won.

2. 다음을 친구와 함께 말해 봐요. (서로 순서를 바꿔 말해 봐요.)

A　Here's your birthday present.　　여기 네 생일 선물이야.

B　Wow! Thank you very much.　　와우! 정말 고마워. 이것은 뭐니?
　　What is this?

A　It is a cake.　　케이크야.

A　I really love that doll.　　나 정말 그 인형이 좋아. 그것은 얼마니?
　　How much is that?

B　It is six thousand won.　　그것은 6,000원이야.
A　That's a little expensive.　　그거 약간 비싸네.

톡톡튀는 단어

- **Here's** ~ 여기 ~이[가] 있다(Here is의 줄임말)
- **present** [préznt] 선물
- **doll** [dɑl] 인형
- **little** [litl] 약간
- **birthday** [bə́:rθdèi] 생일
- **love** [lʌv] 좋아하다 / 사랑하다
- **six thousand won** 6,000원
- **expensive** [ikspénsiv] 비싼

1. 영어는 우리말로, 우리말은 영어로 고쳐 써 보고, 말해 봐요.

(1) I don't know where I am.

➜ _____

(2) I'm a stranger here, too.

➜ _____

(3) 길을 잃은 것 같아요.

➜ _____

(4) 여기서 멀어요?

➜ _____

★★★ (1) 여기가 어딘지 몰라요. (2) 저도 이곳이 처음이에요. (3) I'm afraid I'm lost. (4) Is it far from here?

2. 영어 단어는 한국말로, 한국말은 영어 단어로 써 보고, 읽어 봐요.

(1) excuse _____   (2) know _____

(3) where _____   (4) near _____

(5) far _____   (6) 낯선 사람 _____

(7) 두려운 / 무서운 _____   (8) 잃은 _____

(9) 주유소 _____   (10) 놓치다 _____

★★★ (1) 용서하다 (2) 알다 (3) 어디에 (4) 가까운 (5) 먼
(6) stranger (7) afraid (8) lost (9) gas station (10) miss

영어의 기초를 다져 주는
magic 시리즈

NEW 초등

영어 첫걸음

PLUS -개정판

■■ **영어 우등생의 비결은 Magic 초등 영어 첫걸음**

영어를 처음 접하는 초등학생을 위한 안내서예요.
쉽고, 재미있고, 알찬 구성으로
영어의 기초를 튼튼하게!
학습 가이드 스티커로 부모님,
선생님이 끝까지 지켜봐 주세요.

❖ **Magic 초등 영어 첫걸음 구성**

1   학습 가이드 스티커

2   알파벳 익히기

3   알파벳 필기체 익히기

4   발음 기호 익히기

5   악센트와 억양 익히기

6   영어 단어 익히기

7   영어 문장 익히기

8   부록 – 영어로 나의 이름 쓰기

🌀 학습 가이드 스티커

부모님, 선생님, 처음부터 끝까지 함께해 주세요!
영어 회화에 첫발을 내디딘 우리 아이들이 처음 느낌 그대로 끝까지 공부할 수 있게 지켜 봐 주세요.
옆에서 사랑으로 지도해 주시면 아이들의 영어 실력이 쑥쑥 자랄 거예요!